弘学 编

图书在版编目(CIP)数据

禅宗故事 / 弘学编 . —成都:巴蜀书社,2008.08(2024.12 重印)
ISBN 978-7-80752-180-8

Ⅰ. 禅… Ⅱ. 弘… Ⅲ. 禅宗-通俗读物
Ⅳ. B946.5-49

中国版本图书馆 CIP 数据核字(2008)第 120430 号

禅　宗　故　事
CHANZONG GUSHI

弘　学　编

责任编辑　王　雷
责任印制　田东洋　谷雨婷
出　　版　巴蜀书社
　　　　　成都市锦江区三色路 238 号新华之星 A 座 36 层
　　　　　邮编:610023
　　　　　总编室电话:(028)86361843
网　　址　www.bsbook.com
发　　行　巴蜀书社
　　　　　发行科电话:(028)86361852
经　　销　新华书店
照　　排　四川胜翔数码印务设计有限公司
　　　　　电话:(028)86259947
印　　刷　四川五洲彩印有限责任公司
　　　　　电话:(028)85011398
版　　次　2008 年 8 月第 1 版
印　　次　2024 年 12 月第 2 次印刷
成品尺寸　184mm×130mm
印　　张　8.5
字　　数　160 千
书　　号　ISBN 978-7-80752-180-8
定　　价　39.80 元

目　录

绪　说 …………………………………………………………（1）

菩提达摩

廓然无圣 ……………………………………………………（3）

五祖弘忍

倩女离魂 ……………………………………………………（5）

六祖慧能

非风非幡 ……………………………………………………（7）

南岳怀让

南岳如镜铸像 …………………………………… (9)
南岳说似一物 …………………………………… (9)
南岳磨镜 ………………………………………… (10)

南阳慧忠

南阳净瓶 ………………………………………… (13)
国师三唤 ………………………………………… (14)
国师水碗 ………………………………………… (14)
国师塔样 ………………………………………… (15)
大证石狮子 ……………………………………… (16)

马祖道一

马大师野鸭子 …………………………………… (18)
日面佛月面佛 …………………………………… (19)
古德三袜 ………………………………………… (20)
非心非佛 ………………………………………… (20)

鲁祖宝云

古德火抄 …………………………………………………… （22）

麻谷宝彻

风性常住 …………………………………………………… （24）
麻谷振锡 …………………………………………………… （25）

邓隐峰

马祖展足 …………………………………………………… （27）
隐峰倒化 …………………………………………………… （28）

盘山宝积

盘山三界无法 ……………………………………………… （30）
盘山精底肉 ………………………………………………… （31）

归宗智常

归宗斩蛇 …………………………………………………… （32）

庞蕴居士

庞居士不昧本来人 …………………………………… (35)

庞居士好雪片片 ……………………………………… (36)

百丈怀海

百丈野狐禅 …………………………………………… (39)

百丈独坐大雄峰 ……………………………………… (40)

古灵神赞

古灵揩背 ……………………………………………… (42)

章敬怀恽

章敬拨空 ……………………………………………… (44)

丹霞天然

丹霞吃饭也未 ………………………………………… (47)

丹霞烧佛 ……………………………………………… (47)

大颠宝通

大颠良久机缘 …………………………………………………… (50)
开士入浴 ………………………………………………………… (50)

南泉普愿

南泉白牯 ………………………………………………………… (53)
南泉石佛 ………………………………………………………… (53)
南泉斩猫 ………………………………………………………… (54)
南泉玩月 ………………………………………………………… (55)
南泉镰子 ………………………………………………………… (55)

长沙景岑

长沙芳草落花 …………………………………………………… (57)

药山惟俨

药山升座 ………………………………………………………… (60)

云岩昙晟

云岩大悲手眼 …………………………………………… (62)
云岩竖起扫帚 …………………………………………… (63)

盐官齐安

盐官犀扇 …………………………………………………… (64)

黄檗希运

黄檗看经 …………………………………………………… (67)
黄檗噇酒 …………………………………………………… (68)
黄檗礼佛 …………………………………………………… (69)

沩山灵祐

踢倒净瓶 …………………………………………………… (71)
典座虫生 …………………………………………………… (72)
铁磨老牸牛 ……………………………………………… (72)

临济义玄

临济三句 …………………………………………… (75)
临济四喝 …………………………………………… (76)
临济佛法大意 ……………………………………… (77)
临济栽松 …………………………………………… (78)
临济真人 …………………………………………… (78)
临济瞎驴 …………………………………………… (79)

洞山良价

洞山大事 …………………………………………… (82)
洞山不安 …………………………………………… (82)
洞山水深浅 ………………………………………… (83)
洞山地神 …………………………………………… (84)
洞山佛向上事 ……………………………………… (84)
洞山过水悟道 ……………………………………… (85)
洞山供真 …………………………………………… (86)
洞山到顶么 ………………………………………… (86)
洞山拂袖出去 ……………………………………… (87)
洞山除名 …………………………………………… (88)
洞山常切 …………………………………………… (89)

洞山淘米话 …………………………………………（89）
洞山无寸草 …………………………………………（90）
洞山鸟道 ……………………………………………（91）
洞山无寒暑 …………………………………………（92）
洞山果子 ……………………………………………（92）
洞山过水 ……………………………………………（93）
洞山说心说性 ………………………………………（94）
亡僧索命 ……………………………………………（94）

白马遁儒

白马法身 ……………………………………………（96）

钦山文邃

一镞破三关 …………………………………………（98）

睦州道明

睦州掠虚汉 …………………………………………（101）

道吾圆智

道吾一家吊慰 …………………………………………………… (102)
道吾五峰 ………………………………………………………… (103)
道吾同道者方知 ………………………………………………… (104)
道吾看病 ………………………………………………………… (105)
道吾相见 ………………………………………………………… (105)
道吾起拜 ………………………………………………………… (106)
道吾得裈 ………………………………………………………… (107)
道吾装鬼 ………………………………………………………… (107)

夹山善会

夹山挥剑 ………………………………………………………… (109)

兴化存奖

克宾出院 ………………………………………………………… (112)
庄宗得宝 ………………………………………………………… (113)
兴化打中 ………………………………………………………… (113)

香严智闲

香严上树 …………………………………………………… (115)
香严原梦 …………………………………………………… (116)
香严击竹 …………………………………………………… (117)
疏山倒屙 …………………………………………………… (118)

赵州从谂

平常心是道 ………………………………………………… (120)
从谂洗脚 …………………………………………………… (121)
从谂仍旧 …………………………………………………… (122)
赵州三转语 ………………………………………………… (123)
赵州大死底人 ……………………………………………… (123)
赵州大萝卜头 ……………………………………………… (124)
赵州四门 …………………………………………………… (124)
赵州至道无难 ……………………………………………… (125)
庭前柏树子 ………………………………………………… (126)
赵州洗钵 …………………………………………………… (127)
赵州勘婆 …………………………………………………… (128)
赵州救火 …………………………………………………… (128)
狗子佛性 …………………………………………………… (129)

婆子偷笋 …… (130)

洛浦元安

洛浦投师 …… (131)
洛浦临终 …… (132)
洛浦还乡 …… (132)

曹山本寂

曹山孝满 …… (135)
曹山眉目不识 …… (135)
如井觑驴 …… (136)

大光居诲

大光作舞 …… (138)

雪峰义存

庵主溪深杓柄长 …… (141)
鼓山圣箭 …… (142)

孚上座

孚公摇头 …………………………………………………… (144)

白兆志圆

丙丁童子求火 ……………………………………………… (146)
古德烂杏 …………………………………………………… (147)

玄沙师备

玄沙三种病 ………………………………………………… (149)
玄沙到县 …………………………………………………… (150)
玄沙闻燕子声 ……………………………………………… (151)

禾山无殷

禾山打鼓 …………………………………………………… (153)

投子大同

投子一切佛声 ……………………………………………… (155)

投子牛在 …………………………………………………… (156)
投子十身调御 ……………………………………………… (157)

仰山慧寂

仰山不会游山 ……………………………………………… (158)
仰山出井 …………………………………………………… (159)
仰山四藤条 ………………………………………………… (160)
仰山指雪 …………………………………………………… (161)
仰山问三圣 ………………………………………………… (162)
仰山枕子 …………………………………………………… (163)
仰山插锹 …………………………………………………… (164)
仰山随分 …………………………………………………… (164)
仰山谨白 …………………………………………………… (166)
寂子扑镜 …………………………………………………… (166)
寂子担禾 …………………………………………………… (167)
三座说法 …………………………………………………… (168)

龙牙居遁

龙牙西来意 ………………………………………………… (169)

九峰道虔

九峰头尾 …………………………………………………………… (171)

地藏桂琛

地藏种田 …………………………………………………………… (174)

云门文偃

云门一曲 …………………………………………………………… (177)
三字禅与一字关 ……………………………………………………… (178)
云门一宝 …………………………………………………………… (179)
云门三日 …………………………………………………………… (179)
云门三句 …………………………………………………………… (180)
云门六不收 ………………………………………………………… (181)
云门沙门行 ………………………………………………………… (181)
云门两病 …………………………………………………………… (182)
云门拄杖化龙 ……………………………………………………… (183)
云门花药栏 ………………………………………………………… (184)
云门倒一说 ………………………………………………………… (184)
云门须弥 …………………………………………………………… (185)

云门脚跛 …………………………………………………… (186)
云门话堕 …………………………………………………… (186)
云门尘尘三昧 ……………………………………………… (187)
云门对一说 ………………………………………………… (188)
云门声色 …………………………………………………… (188)
云门还饭钱来 ……………………………………………… (189)
云门糊饼 …………………………………………………… (190)
云门药病相治 ……………………………………………… (190)
云门露柱 …………………………………………………… (191)
厨库三门 …………………………………………………… (192)

法眼文益

崇寿登子 …………………………………………………… (194)

清豁禅师

清豁归山 …………………………………………………… (195)

风穴延沼

风穴一尘 …………………………………………………… (196)
风穴铁牛机 ………………………………………………… (197)

清凉泰钦

法灯未了 ……………………………………………… (199)

俱　胝

俱胝一指 ……………………………………………… (201)

王敬初

常侍掷下笔 …………………………………………… (203)

香林澄远

坐久成劳 ……………………………………………… (205)

智门光祚

智门莲花荷叶 ………………………………………… (207)

洞山守初

洞山三顿 …………………………………………………… (209)
麻三斤 ……………………………………………………… (210)

首山省念

首山三句 …………………………………………………… (212)
首山竹篦 …………………………………………………… (212)
首山新妇 …………………………………………………… (213)

涌泉景欣

涌泉骑牛 …………………………………………………… (214)

佛日本空

佛日豆爆 …………………………………………………… (216)
佛日茶篮 …………………………………………………… (217)

高安大愚

大愚三拳 …………………………………………………… (218)

汾阳善昭

汾阳拄杖 …………………………………………………… (221)

大阳警玄

大阳家风 …………………………………………………… (223)

翠岩可真

可真点胸 …………………………………………………… (224)

泐潭洪英

洪英掐膝 …………………………………………………… (226)

兜率从悦

兜率三关 …………………………………………………… (228)

晦堂祖心

晦堂木樨香 …………………………………………………… (231)

圆悟克勤

圆悟祸门 …………………………………………………… (233)

月庵善果

奚仲造车 …………………………………………………… (234)

密庵咸杰

密庵沙盆 …………………………………………………… (237)

祥庵主

庵主不顾 …………………………………… (238)

庞行婆

婆子作斋 …………………………………… (239)

无名氏

婆子眷属 …………………………………… (240)
婆子烧庵 …………………………………… (241)

其他公案

世尊未说 …………………………………… (242)
世尊初生 …………………………………… (243)
世尊升座 …………………………………… (244)
世尊指地 …………………………………… (244)
外道问佛 …………………………………… (245)
殃崛产难 …………………………………… (246)
女子出定 …………………………………… (246)

别峰相见 …………………………………………………… (247)
大灯三转 …………………………………………………… (247)
以针投钵 …………………………………………………… (248)

绪　说

中国禅宗的故事，其主体是公案故事。什么是公案呢？公案本义为官府判决是非之案例。中国佛教禅宗将历代前辈禅师的言行范例记录下来，作为习禅者之指示，从中领会禅的意义。广义上说，凡是禅宗祖师“上堂”“小参”所讲的“话头（看法）”，都是公案；师资间、弟子间的“机锋（机缘句语）”，现存的全部禅师“语录”“偈颂”也都是公案。久之亦成为一种思考之对象，或修行坐禅者之座右铭。此种言行录，如政府之正式布告，威严不可侵犯；又可启发思想，供人研究，并作为后代依凭之法式，故称“公案”。

黄檗希运《传心法要》说：“既是大丈夫，应看个公案！”由此推之，禅宗公案早在唐代倡始成风，至宋代而大行。圆悟克勤《碧岩录》之《三教老人序》说：“尝谓祖教之书谓之公案者，倡于唐而盛于宋，其来尚矣。”克勤禅宗僧人如希运，反对禅僧读诵经典，却主张研习公案，事实上

是把公案提到与佛经同等的地位看待。禅宗认为，对禅的宗旨是否领会，应与公案加以对照。故此，公案既是探讨祖师思想的资料，又是判断当前禅僧开悟程度的准则。

禅宗公案不胜枚举，一般认为总数约计一千七百则，然而实际未必真有一千七百之数，且通常所用者约仅五百则而已，其余或重复，或较乏参究价值。禅宗最初仅有独家语录，其后语录之书目日多，遂有编选汇集成公案之书，其中以《碧岩录》《从容录》《无门关》《正法眼藏》《景德传灯录》等五灯录及《人天眼目》《指月录》《续指月录》为著。公案未定型之前，师资间通常应机而提示话头，机锋激烈，富有生气。但当其定型化以后，师资间便在有限的一些公案上转圈子，成为机械化的“公案禅”，实际上反而阻碍了禅的发展。

公案中大多有一个字或一句话供学人参究之用，称为“话头”。如问：“狗子还有佛性也无?”答：“无!”此一对话即为一则公案，而“无”字即是话头。参禅时，对公案之话头下工夫，称为“参话头”；师家以言语示予学人之公案，称为“话头公案”。通常而言，公案不可以逻辑推理或一般常识来解释，此盖因禅家之精神乃超越言诠、思量者，故师家每借公案之“非逻辑性”来触发学人分别意识之外的深层直觉，以帮助学人体悟真性。因而公案之重要内涵有悟禅之工具、考验之方法、权威之法范、印证之符信、究竟之指点等，这是今天我们在研习公案以及阅读奉献给读者的这本《禅宗故事》时应该注意的。

菩提达摩

菩提达摩（？—535），又作菩提达磨、菩提达磨多罗、达磨多罗、菩提多罗，通称达摩（或达磨），为我国禅宗初祖，西天第二十八祖。南天竺香至国（或作婆罗门国、波斯国）国王之第三子，从般若多罗学道，与佛大先并称为般若多罗门下二甘露门，四十年之后受衣钵。

梁武帝普通元年（520年，一说南朝刘宋末年），达摩泛海至广州番禺，梁武帝遣使迎至建业。然达摩与武帝语不相契，遂渡江至魏，止嵩山少林寺，面壁坐禅。时人不解其意，称壁观婆罗门。时神光于伊洛披览群书，以旷达闻，慕达摩之高风，断臂求法。达摩感其精诚，遂传安心发行之真法，授彼一宗之心印，改名慧可。经九载，达摩欲归西方，嘱慧可一宗秘奥，授袈裟及《楞伽经》四卷。未久，达摩即入寂，葬于熊耳山上林寺。越三年，魏使宋云度葱岭时，适逢达摩携只履归西方。达摩一生颇富传奇，亦难辨其真伪，

示寂年代有梁大通二年（528）、梁大同元年（535）或梁大同二年（536）等说。梁武帝尊称达摩为“圣胄大师”，唐代宗赐其“圆觉大师”之谥号，塔名“空观”。

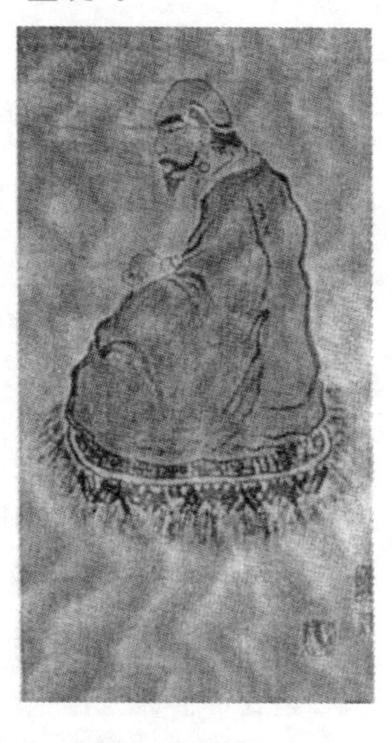

其弟子除慧可外，较著名者另有道育、僧副（一作道副）、昙林等。关于达摩之禅法，据敦煌出土资料考据，古来作为达摩学说被流传之诸多著作中，仅《二入四行论》似为达摩真正思想所在。该书系以壁观法门为中心，“二入”指“理入”与“行入”两种修行方法。其中理入属教理之思维，要求舍伪、归真、认识、解决问题；行入属于教法之实践，教人去掉一切爱憎情欲，依佛教教义践行，即禅法之理论与实践相结合。又据《楞伽师资记·达摩传》中载有《略辨大乘入道四行观》一书，系由达摩弟子昙林将达摩言行集成一卷，另有《楞伽要义》一卷，二书皆又名《达摩论》，颇流行于当时。今一般被认为是达摩学说者，有《少室六门集》《达摩和尚绝观论》《释菩提达摩无心论》《南天竺国菩提达摩禅师观门》（《大乘法论》）、《禅门摄要》《少室逸书》等。

廓然无圣

禅宗初祖菩提达摩与梁武帝所作之问答，或称此公案为圣谛第一义、达摩廓然。廓然，指大悟之境地。此大悟之境地无凡圣之别，既不舍凡，亦不求圣，称为“廓然无圣”，亦即廓然而无圣谛之意。“圣谛第一义”，是指佛教真理。

《碧岩录》第一则记载：

梁武帝问达磨大师：“如何是圣谛第一义？”

磨云：“廓然无圣。”

帝曰：“对朕者谁？”

磨云：“不识。”

上记之对答中，达摩是从了达天地一体之境地来颖解所谓之“圣谛”，因而以泯绝因果、万物平等一如之见识答复梁武帝。然梁武帝深囿于因果历然、凡圣分明等教家之说，始终蔽覆于言语文字之思虑分别中，因此不仅无法领会达摩之意，反而愈加迷惑，如堕五里迷雾中。“廓然无圣”一语被后世之禅林视为禅旨之枢机，亦为本则公案之关键。雪窦重显颂曰：

圣谛廓然，何当辨的？对朕者谁，还云不识。因兹暗渡江，岂免生荆棘？阖国人追不再来，千古万古空相忆。休相忆，清风匝地有何极。师顾视左右云：“这里还有祖师么？”自云：“有，唤来与老僧洗脚。”

五祖弘忍

弘忍（602－675），俗姓周，祖居汝南（今河南上蔡西南），后迁居湖北，出生于黄梅。弘忍七岁从四祖道信出家于蕲州黄梅双峰山东山寺，穷研顿渐之旨，遂得其心传。唐高宗永徽二年（651）道信入寂，弘忍继承师席，世称“五祖黄梅”。咸亨二年（671），传法于六祖慧能。

禅宗自初祖达摩至弘忍之传承，为后世禅宗各派所承认。弘忍发扬禅风，形成“东山法门”，禅宗传教自《楞伽经》改为《金刚经》即自其始。弘忍之思想以悟彻心性本源

为旨，以守心为参学之要。门下甚众，其中以神秀及慧能分别形成北宗禅与南宗禅两大系统，至后世分衍出更多宗派。弘忍于上元二年（675）（即传法后四年）示寂，世寿七十四。唐代宗敕“大满禅师”。相传著有《最上乘论》一卷。

倩女离魂

据《无门关》第三十五则载：

五祖问僧云：“倩女离魂，那个是真底？”

“倩女离魂”乃《剪灯新话》卷上所载之怪谭。据云，倩娘尝许与王宙为妻，既而父悔，倩娘遂抑郁成病，宙亦深恨，欲赴京师。途中忽遇倩娘，遂相携至蜀，凡五年，生二子。后宙还归岳家谢其事，然倩娘犹病在闺中，唯存一息。室中病女闻之而喜，起出相逢，两位倩娘合为一体，前之倩娘实乃病女之离魂。

此则公案着重于参究人之自心本性究竟为真妄善恶，或是形体之一异殊同。永嘉禅师之《证道歌》云“不求妄想不求真，无明实性即佛性”，即主张真妄不二。此公案乃是对于超越真妄自体之绝对价值，探问“哪个是真底”。此非凡夫之情识所能分别。若无分别，则轮转六道四生皆为菩提道场，而游戏于三昧境界。

六祖慧能

慧能（638－713），亦作惠能。俗姓卢，故人称卢行者，祖籍河北范阳（今河北涿州），出生于南海（今属广东）新兴。幼年丧父，家境贫寒，以卖柴为生。行法于五祖弘忍，住持曹溪（今广东省曲江县东南双峰山下）宝林寺。他被称为中国禅宗的第六祖，实际上是禅宗的真正创始人。他的主要言论及事迹，由弟子法海编录成《六祖大师法宝坛经》传世。其生平可参阅《六祖大师法宝坛经·行由品》。

非风非幡

此则又作六祖风幡心动、六祖心动、风幡动、仁者自心动。六祖慧能得法后，于唐高宗仪凤元年（676）至广州法性寺。时风吹幡动，二僧争论不休。据《六祖大师法宝坛经·行由品》载：

> 时有风吹幡动，一僧曰风动，一僧曰幡动，议论不已。慧能进曰："不是风动，不是幡动，仁者心动。"一众骇然。

此则公案乃垂示诸法无自性，显示万法唯心、境随心转之理。

南岳怀让

南岳怀让（677－744），又称大慧禅师，唐代金州安康（今陕西安康）人，俗姓杜。十五岁出家，一度习律，后参曹溪，为六祖慧能之高足，留待十五年。六祖示寂，怀让始于唐玄宗先天二年（713）在湖南南岳般若寺观音台宣扬慧能学说，自此开南岳一系，世称南岳怀让。其法原相对青原行思（青原下）而称南岳下，同为南宗禅之两大法流。弟子马祖道一嗣其法流，其后发展成临济、沩仰等宗派。另有普化、黄檗等两宗，亦属其法流系统。怀让于唐玄宗天宝三年（744）示

寂，世寿六十八。唐敬宗时，追谥“大慧”。有《南岳大慧禅师语录》行世。

南岳如镜铸像

据《景德传灯录》卷五载：

有一大德问：“如镜铸像，像成后，镜明向什么处去？”

师（南岳）曰：“如大德为童子时相貌何在？”

曰：“只如像成后，为什么不鉴照？”

师曰：“虽然不鉴照，谩他一点不得！”

盖铸镜造像，像成之后，其像非镜，若向镜求明，则如求索童子时之相貌，了不可得。故此一公案系表示诸法显现之全机与一切物之绝对性。

南岳说似一物

南岳怀让与六祖慧能之投机语句。南岳初参慧能六祖时，据《景德传灯录》卷五载：

祖（慧能）问：“什么处来？”

（南岳）曰：“嵩山来。”

祖曰："什么物恁么来？"

曰："说似一物即不中。"

祖曰："还可修证否？"

曰："修证即不无，污染即不得。"

祖曰："只此不污染诸佛之所护念，汝既如是，吾亦如是。西天般若多罗谶。汝足下出一马驹，蹋杀天下人。并在汝心，不须速说。"

此则公案要点乃在"什么物恁么来"一语，盖六祖初问南岳"什么处来"，并非询问其来处，而是以此一问答直示诸佛之本源乃超越概念之限定者。其时南岳不解，至八年后始豁然而悟，遂以"说似一物即不中"之语与六祖"什么物恁么来"相唱和，而得六祖之印证。

南岳磨镜

南岳怀让禅师与其法嗣马祖道一禅师之间师徒证契之问答。据《景德传灯录》卷五载：

开元中，有沙门道一住传法院，常日坐禅。师（南岳）知是法器，往问曰："大德坐禅图什么？"

（道）一曰："图作佛。"

师乃取一砖于彼庵前石上磨。

一曰："师作什么？"

师曰："磨作镜。"

一曰："磨砖岂得成镜耶?"

(师曰)："坐禅岂得成佛耶?"

六祖慧能于《金刚经》中契悟无所得、毕竟空之理，南岳即继承此一精神，故谓坐禅不在于求一物。若以坐禅图作佛，则如磨砖欲成镜，徒劳无功，而应以无所求得、无所悟之如实态度而践行之。

南阳慧忠

南阳慧忠（？—775），唐代浙江诸暨人，俗姓冉。自幼学佛，初习戒律，长通经论。闻六祖慧能大师之名，即逾岭叩谒，获其心印。既而游诸名山，经五岭、罗浮、四明、天目而入南阳白崖山党子谷（白草谷），静坐长养，四十余年足不出山，而学者就之者，恒逾百千。开元中，唐玄宗钦其道誉，迎赴京师，敕住龙兴寺。未久，逢安史之乱，师乃遁归。唐肃宗上元二年（761），再召赴京，住千福寺西禅院，公卿士庶参叩求法，不舍昼夜。唐代宗继位，优礼有加，迁住光宅寺。

慧忠通诂训，普穷经律，虽受玄宗、肃宗、代宗三朝礼遇，然天性淡泊，自乐天真。常慕南岳慧思大师之遗风，乃奏请于衡岳武当山建太一延昌寺，又于党子谷创立香严长寿寺，各请藏经一部以镇山。大历八年（773），又奏请聚天下名山通于经、律、禅三者之僧。后归南阳，于大历十年

（775）在党子谷示寂。谥号“大证禅师”，世称南阳慧忠、南阳国师。

有关慧忠之著名公案有《国师三唤》《无情说法》《无缝塔》等。另有九十七种圆相，由侍者耽源所传。慧忠与行思、怀让、神会、玄觉等四人并称为六祖门下之五大宗匠，与神会同在北方弘扬六祖之禅风，而批评当时于南方（江西）阐扬“平常心是道”之马祖道一。慧忠平日特别重视经律论与教学之研习，对南方禅者不重视经典而随意说法之作风予以驳斥。

南阳净瓶

据《从容庵录》第四十二则载：

僧问南阳忠国师：“如何是本身卢舍那？”

国师（慧忠）云：“与我过净瓶来！”

僧将净瓶到，国师云：“却安旧处着！”

僧复问：“如何是本身卢舍那？”

国师云：“古佛过去久矣！”

此公案中，南阳慧忠令问者打破基本有之观念，而仅示以平常生活之举措。所谓本身之卢舍那佛，不外乎由平常行事所显现之真实佛法，故“持净瓶（净水瓶）来”与“安旧处着”即是觉触本佛之放光动地。举措既终，其僧尚复执问

先前观念之卢舍那佛，南阳遂以“古佛过去久矣”再度令其起悟。

国师三唤

指南阳慧忠国师三次召唤侍者、侍者三次应诺之故事。据《景德传灯录》卷五载：

一日唤侍者，侍者应诺。如是三召皆应诺。师（慧忠）曰：“将谓吾孤负汝，却是汝孤负吾。”

盖国师三唤，侍者不该应诺而应之，乃眩惑于会得与否之歧路，而忽略国师之殷勤指佛心，故慧忠呵斥侍者为“辜负”。《无门关》第十七则即评曰：

国师三唤，舌头堕地。侍者三应，和光吐出。国师年老心孤，按牛头吃草；侍者未肯承当，美食不中饱人餐。且道那里是他辜负处？国清才子贵，家富小儿娇。

国师水碗

此则公案系南阳慧忠禅师以一碗水加上七粒米，上置一支筷子，以测紫璘供奉是否解得佛意。据《碧岩录》第四十八则载：

忠国师问紫璘供奉："闻说供奉解注《思益经》，是否？"

奉云："是！"

师云："凡当注经，须解佛意始得。"

奉云："若不会解，争敢言注经？"

师遂令侍者将一碗水、七粒米、一只箸在碗上，送与供奉。问云："是什么义？"

奉云："不会！"

师云："老师意尚不会，更说甚佛意？"

此则公案谓，会佛经者，不一定会得佛意，须离相对之分别见解，始可称是会得佛意。

国师塔样

此则公案又称忠国师无缝塔、肃宗请塔样、无缝塔，为唐肃宗与南阳慧忠国师有关"无缝塔"之机缘语句。据《碧岩录》第十八则载：

肃宗皇帝问忠国师："百年后所须何物？"

国师云："与老僧作个无缝塔。"

帝曰："请师塔样。"

国师良久云："会么？"

帝云："不会。"

国师云："吾有付法弟子耽源，却谙此事，请诏问之。"

国师迁化后，帝诏耽源，问此意如何。源云："湘之南，潭之北。"

或谓此则公案系唐代宗与南阳慧忠之机缘语句。公案中，慧忠国师所示之无缝塔非死后所立之塔，今指坐定时遍界不藏之无缝塔，亦即宇宙森罗万象间原本存立之无缝塔。

大证石狮子

此则公案为南阳慧忠与唐肃宗、耽源应真等三人关于石狮子之机缘语句。大证为南阳慧忠禅师的谥号。据《联灯会要》卷三载：

肃宗同师到官前。

师指石师子云："请陛下，下取一转语。"

宗云："朕下不得，请师下。"

师云："山僧罪过。"

后耽源问师："皇帝还会么?"

师云："皇帝且置，子作么生会?"

公案中之石师（狮）子譬喻本来之面目，非能以概念或言诠表达者，除非自己体得。故肃宗与大证各以"朕下不得""山僧罪过"之语来避免直接用言语诠"本来面目"。

马祖道一

马祖道一（709－788），南岳怀让之法嗣。汉州（今四川广汉）什邡人，俗姓马，世称马大师、马祖，名道一。容貌奇异，引舌过鼻，足下有二轮纹。依资州唐和尚（即处寂）剃染，就渝州圆律师受具足戒。唐玄宗开元年间，就怀让习曹溪禅法，言下领旨，密受心法。初止于建阳之佛迹岭，未久，迁至临川之南康、龚公二山。唐代宗大历四年（769）驻锡钟陵（今江西进贤）开元寺，是时学者云集，化缘大盛。马祖以“平常心是道”“即心是佛”大弘禅风，入室弟子有百丈怀海、南泉普愿、大梅法常等一百

三十九人。禅门甫启时，禅僧皆寄居律院，法制有限，不得别住，而龃龉时生，皆以为苦。马祖乃创丛林，以安禅侣，由是宗门益盛，转化无穷。唐德宗贞元四年（788）正月，登建昌石门山，经行林中，托付后事，于二月四日示寂，世寿八十。唐宪宗谥其号为“大寂禅师”。其派发展甚大，称为洪州禅。道一之于怀让恰如希迁之于行思，二者于禅法之弘扬并称。马祖因于江西阐扬南岳系禅风，故以“江西马祖”闻名于世，其禅法亦称江西禅。

马大师野鸭子

此则公案又作百丈野鸭子，叙述马大师（马祖道一）借物显性，以令弟子开悟之过程。

马大师与百丈行次，见野鸭子飞过。

大师云：“是什么？”

丈云：“野鸭子。”

大师云：“什么处去也？”

丈云：“飞过去也。”

大师遂扭百丈鼻头，百丈作忍痛声。

大师云：“何曾飞去？”

按，浩瀚宇宙本无东南西北之别，若无分别之识，即无飞过来飞过去之别。野鸭子飞过仅为一现象而已，不特野鸭

子为虚妄之象征，世上一切皆是虚妄。若执妄相，难以悟道。故马大师以迅雷不及掩耳之霹雳手段，闪击百丈不悟之心，使其破妄而见性。汾阳善昭禅师对这一公案作颂曰：

野鸭飞空却问僧，要传祖印付心灯。

应机虽对无移动，才扭纲宗道可增。

意思是说野鸭子飞空本来是平常的事，但马祖却要发问，正是要在这一问中传灯与百丈。百丈的对答，首句答野鸭子是正确的，因为指的是眼前事实。马祖再问飞向何处，已不是指野鸭子，而是指心在哪里。百丈回答飞了，便是指“心随野鸭子飞走了”，所以马祖道一禅师要掐他的鼻子，把他的错误思路纠正过来。

日面佛月面佛

此则又作马大师不安、马祖日面佛月面佛。据《碧岩录》第三则载：

马大师不安。院主问：“和尚近日尊候如何?”

大师云：“日面佛，月面佛。”

据《佛名经》卷七所载，日面佛长寿一千八百岁，月面佛寿仅一昼夜。马祖道一禅师借“日面佛，月面佛”之语，显示断绝寿命长短与生灭来去之相，以契当本具之佛性。

古德三袜

古德，指唐代禅师马祖道一与药山惟俨。据《禅苑蒙求》卷中载：

一日，马祖问："子近日见处作么生？"

师（药山惟俨）曰："皮肤脱落尽，唯一真实存。"

祖曰："子之所得可谓协于心体，布于四肢。既然如是，将三条袜束取肚皮，随处住去。"

这则公案，意谓药山禅师对佛法之领悟、体会已遍于全体身心之中，而无纤毫执着。故马祖道一禅师印可之，谓其可携带三袜，随处住山，接引众生。

非心非佛

此则乃明示学人当下直取佛心之公案。据《五灯会元》卷三载：

僧问和尚："为甚么说即心即佛？"

师（马祖道一）曰："为止小儿啼。"

曰："啼止时如何？"

师曰："非心非佛。"

马祖道一禅师平日以“即心即佛”一语指导学人，而复以“非心非佛”一语斥破学人对“即心即佛”之执着，其实二者并无差别。

鲁祖宝云

宝云，生卒年不详，中唐时代之禅僧，为马祖道一之法嗣。以四川巴州（今属重庆）鲁祖山（一说为安徽贵池之鲁祖山）为开山演法之地，故称鲁祖宝云。宝云接化学人，向以面壁不语之方式，传为禅林奇事。有若干机缘语句传世，其余生平事迹不详。

古德火抄

古德，谓宝云禅师。宝云平日接引学人之作风颇为特殊，若有前来问法者，宝云皆面壁不语，欲令学人自其面壁不语之举动而有所契入。禅林中传为奇事，而称为“鲁祖家风”。此一奇特家风，广被南泉普愿禅师以下之禅林古德作为拈评下语之又一则公案。据《禅苑蒙求》卷上载：

罗山云："陈老师当时若见，背上与五火抄，何故如此，为伊解放不解放。"

玄沙云："我当时若见，也与五火抄。"

"古德火抄"之公案即由此而来。

麻谷宝彻

麻谷宝彻，籍贯、俗姓、生卒年均不详，唐代僧。出家后，参谒马祖道一。尝随马祖行次，问曰：“如何是大涅槃？”祖曰：“急。”曰：“急个什么？”祖曰：“水。”乃大悟，并嗣其法。后居于蒲州（今属山西）麻谷山（又称麻浴山）举扬禅风，世称麻谷宝彻。有风性常住、麻谷振锡、麻谷手巾等著名公案流传于禅林。

风性常住

据《五灯会元》卷三载：

师（麻谷宝彻）使扇次，僧问：“风性常住，无处不周，和尚为甚么却摇扇？”

师曰：“你只知风性常住，且不知无处不周。”

于此公案中，风性即指佛性、法性。佛性、法性乃普遍常住者，犹如风性之无处不周。故摇扇则何处何时亦风出，不摇则不出。若问风常住普遍，故不必用扇，则落外道见解。正以本来法性故发心修行，始能成就菩提涅槃。

麻谷振锡

麻谷宝彻与章敬怀恽、南泉普愿间之机缘问答。又作麻谷持锡、麻谷两处振锡、麻谷振锡绕床。据《碧岩录》第三十一则载：

> 麻谷持锡到章敬，绕禅床三匝，振锡一下，卓然而立。敬云：“是！是！”
>
> 麻谷又到南泉，绕禅床三匝，振锡一下，卓然而立。泉云：“不是！不是！”
>
> 谷富时云：“章敬道是，和尚为什么道不是？”
>
> 泉云：“章敬即是，是汝不是。此是风力所转，终成败坏。”

麻谷、章敬、南泉等人皆为马祖道一之弟子，此则公案乃麻谷宝彻禅师尚未彻悟之前，希望获得法兄章敬、南泉之认可产生的故事。于公案中，章敬对麻谷之振锡、卓然而宜等机用，虽予以“是”之肯定，实则是章敬立于更高之立场，而以“放行”之接引机法给予麻谷同情之肯定，亦即以

放任自由、因应随顺之态度及手法来引导麻谷开悟。然南泉对麻谷同样的动作之反应，则以严格的“把住”执法否定之，亦即以严峻的手法及态度来祛除麻谷心中之妄见、执着。麻谷对章敬之肯定回答认为自己已得到印可，对南泉之“不是”之答遂生迷惑。若麻谷机缘纯熟，于南泉之“不是！不是”，言下当得大悟。故南泉遂言“此是风力所转，终成败坏”，概谓绕床振锡、卓然而立等仅是色身（肉体）之运动而已，而色身亦无非地、水、火、风等四大所构成之色法，终有落谢败坏之日，而丝毫无关乎开悟解脱之宏旨。故南泉欲以严厉手法提斯麻谷，期以超越是与不是而体会真正之禅旨与机用。

邓隐峰

隐峰，生卒年不详，唐代僧。福建邵武人，俗姓邓，世称邓隐峰。南岳之门下。初参谒马祖道一，不能得其奥旨，复从学于石头希迁。后于马祖道一言下开悟，并为其法嗣。与南泉、沩山交游频繁，冬留衡岳，夏住清凉。唐宪宗元和年间欲登五台山，于淮西出发，途中因叛军吴元济与官军交战而受阻，遂掷锡空中，飞身而过。两军将士见之，事符预梦，战意顿息。隐峰既显神异，虑成惑众，遂入五台山，于金刚窟前倒立而寂。

马祖展足

据《禅苑蒙求》卷中载：

邓隐峰一日推车次，马祖展脚在路上坐。

峰云："请师收足。"

祖云："已展不缩。"

峰云："已进不退。"乃推车碾损祖脚。

祖归法堂，执斧子云："适来碾损老僧脚底，出来！"

峰便出，于祖前引颈，祖乃置斧。

此则公案乃显示马祖化导学人之机略及隐峰悬命求道之风貌。

隐峰倒化

此为隐峰禅师倒立示寂之故事。据《景德传灯录》卷八载：

（隐峰）于金刚窟前将示灭，先问众云："诸方迁化，坐去、卧去，吾尝见之，还有立化也无？"

众云："有也。"

师云："还有倒立者否？"

众云："未尝见有。"

师乃倒立而化，亭亭然其衣顺体。时众议舁就荼毗，屹然不动。远近瞻视，惊叹无已。师有妹为尼，时在彼，乃俯近而咄曰："老兄！畴昔不循法律，死更荧惑于人！"

于是以手推之，偾然而踣，遂就阇维（即荼毗），收舍利入塔。

隐峰倒立而死，虽是对生死自由无碍之有现，但易流于神异奇迹之谈。因得其妹之一转语，始打破此弊。

盘山宝积

唐代僧，籍贯、生卒年均不详。居于幽州（今属河北）盘山，马祖道一之法嗣。宣扬宗风，故世称盘山宝积。谥号“凝寂大师”。

盘山三界无法

此则公案为盘山宝积禅师提斯学人之垂语。据《景德传灯录》卷七载：

> 禅德！且须自看，无人替代。三界无法，何处求心？四大本空，佛依何住？璇机不动，寂尔无言，觌面相呈，更无余事。

此“三界无法”之“无法”，与“无心”“无事”同义，谓三界之事相，从根源之立场而言乃不存在者。此公案即指

示无念无想之存在方式即真实的存在。

盘山精底肉

此则又作盘山肉案，为盘山宝积禅师省悟之因缘故事。据《五灯会元》卷三载：

幽州盘山宝积禅师因于市肆行，见一客人买猪肉，语屠家曰："精底割一斤来。"

屠家放下刀，叉手曰："长史！那个不是精底。"

师于此有省。

所谓悟，即契入本具佛性之理，亦即求之于一切生活常理中，无一不是佛性，无处不含佛理。

归宗智常

归宗智常，生卒年不详，江陵（今属湖北）人，俗姓陈。谒马祖道一得法，唐宪宗元和中居庐山归宗寺，因目有重瞳，尝欲敷药去之，致两目皆赤，因此世称赤眦归宗。示寂后谥“至真禅师”。

归宗斩蛇

此为归宗智常禅师借斩蛇因缘，显示自在无碍机法之故事。据《五灯会元》卷三载：

师（智常）划草次，有讲僧来参。忽有一蛇过，师以锄断之。僧曰：“久向归宗，元来是个粗行沙门。”

师曰：“你粗？我粗？”

曰：“如何是粗？”

师竖起锄头，曰："如何是细？"

师作斩蛇势，曰："与么则依而行之。"

师曰："依而行之且置，你甚处见我斩蛇？"

僧无对。

此则公案中，前来参学之讲僧乃"教宗"之学人，习于经典文义之教学，久之陷于学理探究、依文解义等义解习性之束缚而犹不自知，遂以此分别粗细、是非等之对立见解诘问智常。智常则借斩蛇、竖锄头做斩蛇势，乃至否认先前言行之"你甚么处见我斩蛇"等，表现出佛道之行乃超越是非、善恶、粗细等相对见解之绝对境地。

庞蕴居士

庞蕴（？－808），世称庞居士、庞翁，湖南衡阳人。唐代著名在家禅者。世代儒业，独蕴慕内法。唐德宗贞元初年（785），参谒石头希迁，颇有领悟。复爱丹霞天然风采，与之终生为友。此外，亦与药山惟俨、齐峰、百灵、松山、大梅法常、洛浦、仰山等禅林硕德相往来。

一日，石头问云："子见老僧以来，日用事作么生？"庞蕴对曰："若问日用事，即无开口处。"并呈一偈，末二句云："神通并妙用，运水及搬柴。"石头然之，复问曰："子以缁耶？素耶？对曰："愿从所慕。"遂不剃染，而终其生以在家之身份举扬方外之风。

后至江西参礼马祖道一，问："不与万法为侣者是什么人？"祖云："待汝一口吸尽西江水，即向汝道。"庞蕴于言下领旨，顿悟玄机，乃留驻两年。其后，以机辩迅捷，为诸方所瞩目。唐宪宗元和年间，北游襄阳，因爱其风土，遂以

舟沉其资财于江，偕其妻、子躬耕于鹿门山下。访道者日至，所谈皆机锋语，其妻、子均因之彻悟。元和三年（一说为元和十年，或谓太和年间）殁。后世称为襄阳庞大士、东土维摩，与梁代之傅大士并称。遗有《庞居士语录》，系其生前好友节度使于頔所编，该书于历代禅林颇受重视。

庞蕴入寂之际，令女灵照出视时日之早晚，灵照回报："日已中矣，而有蚀也。"庞蕴乃出户观看，灵照即登父座合掌坐亡。庞蕴笑曰："我女峰捷矣。"遂更延七日入寂。其表现之独特机锋与謦欬笑谈之间坐脱立亡之禅境，与其他禅林之同类故事，共为传诵千古之美谈。

庞居士不昧本来人

庞蕴与马祖道一针对"不昧本来人"一语之机锋问答。本来人，指人本来清净之自性，与"本来身""本来面目"同义。据《联灯会要》卷六载：

> 居士问马大师云："不昧本来人，请师高着眼。"
>
> 马祖直下觑。
>
> 士云："一种没弦琴，唯师弹得妙。"
>
> 马祖直上觑。
>
> 士作礼，祖便归方丈。
>
> 士随后入云："弄巧成拙。"

此则公案中，庞居士问马祖，若欲不昧本来面目，则应如何用心。马祖即以向下看、复向上看作答，表示应双眼分明而真心看取。

庞居士好雪片片

此为庞蕴就眼前所下之雪，对全禅客一再击掌激发之故事。据《碧岩录》第四十二则载：

庞居士辞药山，山命十人禅客相送。至门首，居士指空中雪云："好雪片片，不落别处。"

时有全禅客云："落在什么处?"

士打一掌。全云："居士也不得草草。"

士云："汝恁么称禅客，阎老子未放汝在。"

全云："居士作么生?"

士又打一掌，云："眼前如盲，口说如哑。"

于此则公案中，庞居士初云"好雪片片，不落别处"，其意概在叹赏眼前雪花片片飘落之风光。全禅客不明其意，误以为庞蕴意在追问雪片之落处，一经计度思量，遂谓"落在什么处"。如是则既不领受当前好风光，又似计度妄想横生枝节，故遭庞居士打一掌。然全禅客遇掌犹不觉悟，一句"居士也不得草草"才脱口，又遭庞蕴叱以"阎王老子未放汝在"。随后，全禅客又一句"居士作么生"，更显现自始至

终皆未能挣脱语句言诠之拘泥，直至庞蕴又打一掌，并呵为如盲如哑。盖好雪片片在眼前飘落，当下仅须尽情领纳天地一片潇洒风光，而不容许丝毫之思辨计度。如全禅客之自囿于落不落别处之迂愚妄想，早已对当前好雪片片视而不见(眼前如盲)，虽能口吐言句，然亦始终缠缚于言语之中，而未能对万法之归趣、法尔之自然有真正之心领神会之一言半语（口说如哑），故虽一再被击掌，犹不能体会得个中之意趣。

百丈怀海

百丈怀海（720－814），福州长乐人，俗姓王（一说姓黄）。唐代僧。自幼喜游访寺院。年二十，从西山慧照出家，后从南岳之法朝律师受具足戒。未久至庐江（今属安徽）研读经藏。适逢马祖道一在南康弘法，乃倾心依附，遂得道一禅师之印可。因与西堂智藏、南泉普愿同入室，时称三大士。后出主新吴（江西奉新）百丈山，自立禅院，制定清规，率众修持，实行僧团之农禅生活。尝曰："一日不作，一日不食。"唐宪宗元和九年（814）入寂，世寿九十五。敕谥"大智禅师"，塔号"大宝胜论"。座下以黄檗希云、沩山灵祐居首。其后，宋、元诸帝又赐谥号"觉照禅师""弘宗妙行禅师"。另据《全唐文》卷四百四十六《唐洪州百丈山故怀海禅师塔铭并序》所载，怀海之生年为天宝八年（749），故又有世寿为六十六之说。

怀海所订清规，世称《百丈清规》，天下丛林无不奉行，

为禅宗史上划时代之功绩。宋儒仿效而创立书院，元、明、清三朝更以书院为乡学，充作养士之所。

百丈野狐禅

百丈怀海禅师与野狐之机缘对话，由此公案点出因果历然之理。又作不落不昧、五百生野狐、百丈不昧因果、百丈野狐堕脱。据《从容庵录》第八则载：

百丈上堂，常有一老人听法，随众散去。一日，不去。丈乃问："立者何人?"

老人云："某甲于过去迦叶佛时，曾住此山。有学人问：大修行底人还落因果也无？对他道：不落因果。堕野狐身五百生。今请和尚代一转语。"

丈云："不昧因果。"

老人于言下大悟。

此公案中，老人于过去世因说"不落因果"而拨无因果，即否定因果之理；而由否定因果之故，遂堕于恶趣之中。"不昧因果"与"不落因果"相反而肯定因果，以肯定因果之故，乃能脱离恶趣。以佛教之基本教说而言，深信因果为正传之佛法，乃一种大自然之法则。故我们不可妄加分别臆度或否定，如能深信此种理法而依之修行，则为成佛之道。故于此则公案中，老人因百丈代为转语"不昧因果"而

消泯过去独断之迷梦，于言下大悟，行脱野狐身。古来禅家多以拨无因果却自以为悟达因果者，称为“野狐禅”，盖由此典故而来。

百丈独坐大雄峰

此则又作百丈独坐、百丈大雄峰、百丈奇特事，乃百丈怀海禅师借独坐大雄峰拈提宗门要旨之公案。据《五灯会元》卷三载：

问：“如何是奇特事？”

师曰：“独坐大雄峰。”

僧礼拜，师便打。

独坐，有独立于宇宙乃至“天上天下，唯我独尊”之意；大雄峰，为江西百丈山之异称，怀海以此山弘扬禅风，故世称百丈怀海。独坐大雄峰，概谓百丈多年于大雄峰之坐禅生涯既为独立于宇宙之最上修行，亦为平常无奇，举凡行、住、坐、卧、语默、动静均为禅理禅行之禅者生涯。故百丈特以“独坐大雄峰”回答“如何是奇特事”之问，乃收放自如、扫踪灭迹之灵活机法。其僧闻言，当下礼拜，则表示善能以机投机、以意遣意，全然领会百丈之机法。故佛果圆悟禅师赞许为：“这僧便礼拜，与寻常不同，也须是具眼始得……这僧礼拜，似捋虎须相似，只争转身处。”然反遭

百丈之棒打，系因为百丈了知该僧既已领会，仍施礼欲求更上之事，遂以棒警示其于体会、领解之余，尚需努力行实践。

雪窦重显禅师为此则公案评唱曰：

祖域交驰天马驹，化门舒卷不同途。
电光石火存机变，堪笑人来捋虎须。

古灵神赞

神赞，生卒年不详，福建人。初于福州大中寺受业，后参百丈开悟，遂返回本寺为师说法，以报其恩。晚居古灵，聚徒教化。一日剃沐声钟，告众而寂。

古灵揩背

此为古灵神赞禅师开悟后，显露其机锋之公案。古灵初于福州大中寺受业，后辞别本师，四处行脚，遇百丈怀海始开悟得法，乃返本师之处。一日，为其本师澡浴揩背，而言词应对之间，收放自如，任运无碍，显露出其了悟禅法后之机锋。据《五灯会元》卷四载：

> 一日因澡身，命师去垢。师乃拊背曰："好所佛堂，而佛不圣。"

本师回首视之。师曰：“佛虽不圣，且能放光。”

此则公案中，古灵初云“好所佛堂”，乃以佛堂喻指其师之背而暗示之；继云“而佛不圣”，则颇有慨叹之意味。其师无言可说，仅回首视之。至此，古灵把握机缘，乃更语“佛虽不圣，且能放光”，如是寓禅法于机锋，一放一收，了无滞碍，于语默动静中所显示之境界，显然业已超越其本师。

章敬怀恽

怀恽（754—815），泉州人，俗姓谢。唐德宗贞元元年（785）礼马祖道一，得其心要。后隐于岨峡山，寓居济州（今属山东）灵岩寺、定州（今属河北）百岩寺，又于中条山大开禅法。唐宪宗元和三年（808），敕住长安章敬寺毗卢遮那院，并常入大内，居于上座。元和十年（815）示寂，世寿六十二。敕谥“大觉禅师”，后又追谥“大宣教禅师”。

章敬拨空

本则公案为章敬禅师接化学人时，被问及“祖师心地法门”之故事。据《禅苑蒙求》卷上载：

或问禅师：“所传心地法门，为是真如心、妄想心、非真非妄心？为是三乘教外别传底心？”

师云："汝见目前虚空么？"

曰："信知常在目前，人自不见。"

师曰："汝莫认影像！"

曰："和尚作么生？"

师以手拨空三下。

曰："作么生即是？"

师曰："汝向后会去在。"

此则公案，章敬怀恽禅师以"目前虚空"回答"心地法门"之问，概谓祖师之心地法门并非局囿于言语思辨，而系遍满法界，犹如虚空，无处不在，又无所不包。该僧闻言，即自以为领解，遂谓"常在目前，人自不见"。未料章敬不予认可，反谓其不识实体而仅知执着实体之影像。由是该僧大为迷惑，再三追问"作么生"，章敬禅师乃"拨空三下"。此"拨空三下"乃本则公案之关键。盖章敬怀恽禅师以手拨空，乃一种表示否定之"直接语言"，意谓欲求顿悟法门，则首先必须止息叩求顿悟法门之心。若一味执着于"空即悟境""虚空即心地法门"等思量计度，则一如误认影像为实体，皆非诸法真实之样态，更非祖师所传之心地法门。三度之拨空，则表示无数次之否定，盖欲迅速止息该僧妄见之故。无奈该僧愈加迷昧，犹追问不舍。至此章敬亦不欲强借言语来诠释，而仅以日后或自有颖悟之日作答。

丹霞天然

天然（739－824），石头希迁之门人。初习儒业，后遇禅师而悟，投南岳石头门下，服役三年，剃发受戒。寻谒江西马大师，受天然之法号。居天台华顶峰三年，更往经山参拜国一禅师。其后，大振禅法于南阳丹霞山。唐穆宗长庆四年（824）示寂，世寿八十六。敕谥“智通禅师”，塔号“妙觉”。

丹霞吃饭也未

此则又作丹霞问甚处来、丹霞问僧，乃丹霞天然禅师借一僧吃饭之事，指引佛法大事之公案。据《碧岩录》第七十六则载：

> 丹霞问僧："甚处来?"
>
> 僧云："山下来。"
>
> 霞问："吃饭了也未?"
>
> 僧云："吃饭了。"
>
> 霞云："将饭来与汝吃底人，还具眼么?"
>
> 僧无语。

此则公案中，丹霞问"甚处来"，意味父母未生前之处；问"将饭来与汝吃底人，还具眼么"，则表示布施度之能施、所施、施物三轮体空之意。

丹霞烧佛

丹霞天然禅师烧木佛之公案，旨在阐明真正信佛者方为续佛慧命；若视偶像为佛，反损佛之慧命。据《五灯会元》卷五载：

后于慧林寺遇天大寒，取木佛烧火向。院主呵曰：“何得烧我木佛?”

师以杖子拨灰曰：“吾烧取舍利。”

主曰：“木佛何有舍利?”

师曰：“既无舍利，更取两尊烧。”

主自后眉发堕落。

大颠宝通

大颠宝通（732－824），颍川人，俗姓陈（一说姓杨）。法号宝通，自号大颠。据《潮州府志》载，唐代宗大历中，大颠宝通与药山惟俨并师事惠照于西山。复与药山惟俨游南岳，参谒石头希迁，大悟宗旨，得曹溪之绪。于潮州西幽岭下创建灵山禅院，出入有猛虎相随，门人传法者千余人。韩愈被谪贬潮州时，闻大颠之名，召至，留十余日，谓其能外形骸，以理自胜，因与宝通相交，过从甚密。唐穆宗长庆四年（824），辞众而逝，世寿九十三。著有《般若波罗蜜多心经释义》《金刚经释义》。尝书《金刚经》千五百遍、《法华》《维摩》二经各三十部。基墓塔筑于寺侧，唐末有贼发其塔，骨髀尽化，唯舌根犹存如生，复瘗之，号瘗舌冢。宋太宗至道（995－997）中，乡人复挖视之，唯见古镜而已，乃垒石藏之，号舌镜塔。

大颠良久机缘

此则公案乃大颠、韩愈、三平义忠三人之问答语句。大颠，指石头希迁之法嗣大颠宝通禅师；三平则为大颠之侍者。据《联灯会要》卷二十载：

> 公（韩愈）镇潮州，暇日谒大颠。问："弟子军州事多，省要处乞师一言。"
>
> 颠据坐，公罔措。时三平义忠禅师侍立，乃敲绳床三下。
>
> 颠回顾，云："作么？"
>
> 忠云："先以定动，后以智拔。"
>
> 公作礼，云："和尚门风高峻，弟子于侍者边得个入处。"

此则公案说明"省要处"非于外边他处可得，韩愈不解此理，而向大颠乞请，故大颠沉默良久。然韩愈依然不解，三平乃敲禅床三下，表示"要处"即在文公自家之脚下，谓在自家脚下修学戒、定、慧，才是身心脱落之要处。

开士入浴

此则公案又作开士悟水因，记述跋陀婆罗与十六开士

（菩萨）沐浴时，因水悟道之因缘。据《碧岩录》第七十八则载：

> 古有十六开士，于浴僧时，随例入浴。忽悟水因，诸禅德作么生会？他道妙触宣明，成佛子住，也须七穿八穴始得。

上引“七穿八穴”谓逆顺纵横，自由自在。此公案乃据《首楞严经》卷五所载，跋陀婆罗与十六开士于浴漕中沐浴，因水之浸润性及透明性，得妙触宣明，成佛子住，会得七穿八穴、四面八方攻破敌阵之活手段，能逆顺纵横，自由自在，不为烦恼所缚。

南泉普愿

普愿（748－834），郑州新郑（今河南新郑）人，俗姓王。唐代僧。十岁受业于大隗山怀让禅师，苦节笃励，勤勉奋发。唐代宗大历七年（772），就嵩山会善寺暠律师受具足戒，研习法砺律师所唱创之相部律宗。未久，游诸讲肆，听《楞伽》《华严》等经，又通达《中论》《百论》《十二门论》等之玄义。后参谒江西马祖道一禅师，有所省悟。唐德宗贞元十一年（795），于池阳南泉山建禅宇，三十余年不出山。唐文宗太和（827－835）初年，应众请出山。由是，学徒云集，法道大扬。以《南泉斩猫》之公案最为著名，脍炙人口。太和八年（834）十二月二十五日

示寂，世寿八十七岁。世称南泉普愿。有《语录》一书。法嗣有从谂、昙照、师祖等十七人。

南泉白牯

此则又作南泉黧奴白牯。据《从容庵录》第六十九则载：

> 南泉示众云："三世诸佛不知有，狸奴白牯却知有。"

狸，畜养之后可令捕鼠，故称狸奴。牯，即牝牛。若以佛法之真实立场而言，佛与狸奴、白牯平等无别，然南泉普愿禅师却谓"三世诸佛不知有，狸奴白牯却知有"，盖以舍弃一般常识之固定观念，而超越分别知见之机。

南泉石佛

据《禅林类聚》卷二载：

> 南泉愿禅师因陆亘大夫问："弟子家中有一片石，亦曾坐，亦曾卧。如今欲镌作佛，也还得么？"
>
> 师云："得！得！"
>
> 陆亘云："莫不得么？"

师云："不得！不得！"

同一人于同一时间提出同一问题，南泉所答却前后不同，既谓"得"，复谓"不得"，以之表示佛乃非有相非无相，亦有相亦无相。

南泉斩猫

即南泉普愿禅师斩猫儿，以示截断有、无相对之执见。据《景德传灯录》卷八等载：

师因东西两堂各争猫儿，师遇之，白众曰："道得即救取猫儿，道不得即斩却也。"

众无对，师便斩之。

赵州自外归。师举前语示之，赵州乃脱履安头上而出。

师曰："汝适来若在，即救得猫儿也。"

此公案谓东西两堂之僧争论猫儿是否有佛性。南泉提起猫儿，欲考验学人中有无能辨得彻底者，遂谓："道得即救取猫儿，道不得即斩却也。"众人中无一人能答，于是南泉斩却猫儿以截断学人之妄想分别。向来此则公案颇著名，又称难关。故雪窦重显颂之曰：

两堂俱是杜禅和，拨动烟尘不奈何。

赖得南泉能举令，一刀两段任偏颇。

圆悟克勤禅师评曰：

此事轩知，如此分明，不在情尘意见上讨。若向情尘意见上讨，则辜负南泉去。但向当锋剑刃上看，是有也得，无也得，不有不无也得。

南泉玩月

据《禅苑蒙求》卷上载：

南泉玩月次，赵州问："几时得似这个时节？"

泉云："王老师二十年前亦曾恁么来。"

王老师乃南泉禅师之自称。南泉自谓二十年前即有赏月之雅好，系表超越主客时间之障碍，而显示内心自在之境界。

南泉镰子

据《五灯会元》卷三载：

师（南泉普愿）在山上作务，僧问："南泉路向甚么处去？"

师拈起镰子，曰："我这茅镰子三十钱买得。"

曰："不问茅镰子，南泉路向甚么处去？"

师曰："我使得正快！"

此一公案，南泉以手上之镰子作现成说法，所谓立处皆真，此乃南泉之佛法。三十钱买得一把快利好使之镰子，此本寻常生活之事，然一切法之当处自具其真实绝对之理，此外别无他理，别无他路。行脚僧不解南泉之意，仅知问取皮毛上之南泉路。

长沙景岑

景岑，生卒年不详，唐代僧。幼年出家，参南泉普愿，嗣其法。初住长沙鹿苑寺，其后居无定所，随缘接物，随宜说法。复往湖南长沙大宣教化，时人称为长沙和尚。景岑机锋峻峭，在与仰山的对话中，曾踏倒仰山，仰山谓其如大虫（老虎）之暴乱，故诸方称景岑为岑大虫。《景德传灯录》卷十记载了这则公案故事（仰山云："人人尽有遮个事，只是用不得。"师云："恰是请汝用。"仰山云："作么生用?"师乃蹋倒仰山。仰山云："直下似个大虫。"自此诸方谓为岑大虫。）示寂后谥"招贤大师"。

长沙芳草落花

此则又作长沙游人、长沙一日游、长沙游山来，系长沙

景岑禅师与首座之机缘对话。景岑春日方游山归来，与首座就此话题相互切磋参究，于随逐芳草落花之游赏中，点出游戏三昧之妙境。据《碧岩录》第三十六则载：

长沙一日游山，归至门首。

首座问："和尚什么处去来?"

沙云："游山来。"

首座云："到什么处来?"

沙云："始随芳草去，又逐落花回。"

座云："大似春意。"

沙云："也胜秋露滴芙蕖。"

此公案中，借游山之态度喻指生活态度。盖随芳草以去，显示天地之自然优哉，无丝毫之道理计较；逐落花而回，显示住于无所住处，去来任运。首座以"大似春意"一语，谓景岑只是追随春意而已；景岑答以"也胜秋露滴芙蕖"，谓己已超越秋露滴芙蕖之枯淡而受洋洋之春风。《禅宗颂古联珠通集》卷十六载有圆悟克勤禅师之评颂曰：

落花芳草如铺锦，满目春光入画图。

门外相逢亲切处，也胜秋露滴芙蕖。

药山惟俨

药山惟俨（751－834），山西绛州人，俗姓韩。十七岁依潮阳（今属广东）西山慧照禅师出家，唐代宗大历八年（773）就衡山希澡受具足戒。博通经论，严侍戒律。后参石头希迁，密领玄旨。次参马祖道一，言下契悟，奉侍三年。复还石头，为其法嗣。不久，至澧州药山，广开法筵，四众云集，大振宗风。一夜，登山经行，忽云开见月，大笑一声，澧阳东九十余里居民均闻其声。朗州刺史李翱赠诗云："选得幽居惬野情，终年无送亦无迎。有时直上孤峰顶，月下披云笑一声。"唐文宗太和八年（834 年，

一说太和二年，即828年）示寂。敕谥“弘道大师”。

药山升座

此乃药山惟俨禅师升座说法示众之公案。据《从容庵录》第七则载：

药山久不升座。院主白云：“大众久思示诲，请和尚为众说法。”

山令打钟。众方集，山升座良久，便下座归方丈。主随后问：“和尚适来许为众说法，云何不垂一言？”

山云：“经有经师，论有论师，争怪得老僧。”

此则公案说明药山升座说法，虽未垂示一言半语，然当下即示现全身说法之活三昧。故药山随后所说“经有经师，论有论师”之语，亦不外表示经师所说之经、论师所讲之论，皆仅为佛法真理之一部分，远不如丝毫不落言语葛藤之“全身说法”。此即为本公案之主旨。

云岩昙晟

昙晟（782－841），钟陵建昌（今江西永修）人，俗姓王。唐代僧，属青原行思法系。少于石门出家，初参百丈怀海，历二十余年，未悟玄旨。怀海示寂后，昙晟参谒澧州惟俨，并嗣其法，后住于潭州（治所在今湖南长沙）云岩山大扬宗风，故又称云岩昙晟。唐武宗会昌元年（841 年，一说文宗太和三年，即 829 年）示寂。谥号“无住（一说无相）大师”。其法嗣有洞山良价、神山僧密、杏山鉴洪、幽溪等。

云岩大悲手眼

此则又作云岩遍身手眼、云岩问道吾手眼、云岩抚枕、云岩大悲，乃云岩昙晟与道吾就“大悲菩萨之千手千眼有何作用”所作之机缘问答。据《碧岩录》第八十九则载：

云岩问道吾：“大悲菩萨用许多手眼作什么？”

吾云：“如人夜半背手摸枕子。”

岩云：“我会也。”

吾云：“汝作么生会？”

岩云：“遍身是手眼。”

吾云：“道即太杀道，只道得八成。”

岩云：“师兄作么生？”

吾云：“通身是手眼。”

大悲菩萨即千手千眼观世音菩萨。对于千手千眼如何使用之问题，云岩答以遍身是手眼，道吾答以通身是手眼。二者之意同为身体皆是手眼，遍身与通身并无优劣之分，故二师皆意指自己乃观世音菩萨。

云岩竖起扫帚

此则又作云岩扫地、云岩拂地，乃记述云岩昙晟接化道吾圆（宗）智，令其觉醒本来面目之公案。据《从容庵录》第二十一则载：

> 云岩扫地次，道吾云："太区区生！"
>
> 岩云："须知有不区区者。"
>
> 吾云："恁么则有第二月也！"
>
> 岩提起扫帚，云："这个是第几月？"
>
> 吾便休去。

上引云岩将扫帚竖起，问道吾"这个是第几月"，意谓除自己之本来面目之外，是否尚有另外一个自己，旨在令道吾觉醒"本来之自己"。本则公案亦显示出云岩忙中有闲之生活情致。盖凡悟道之人，无论扫地捣米、搬柴运水，当下所行即是三昧，既不干涉任何其他景物与心念，然又含摄森罗万象于此一当下三昧之中。

盐官齐安

盐官齐安（？—842），海门郡（疑有误，应属浙江）人，俗姓李。出生时神光照室。少依本郡云琮出家，并从南岳智严受具足戒。后闻马祖道一行化于龚公山，乃往参诣。道一见而器之，密示正法。唐宪宗元和末年（820），游越州（今属浙江）萧山法乐寺，法昕等延请任首座，道化大行。后住杭州盐官县镇国寺海昌院，唐武宗会昌二年（842）示寂。宣宗敕谥“悟空大师”，卢简求撰塔铭。

盐官犀扇

此则又作盐官犀牛扇子、盐官索扇，为盐官齐安禅师与侍者问答之公案。据《从容庵录》第二十五则载：

盐官一日唤侍者：“与我过犀牛扇子来！”

者云："扇子破也。"

官云："扇子既破，还我犀牛儿来!"

者无对。

资福画一圆相，于中书一"牛"字。

此则公案中，盐官假托犀牛扇子，以表现宗门向上之事。资福于空中画一圆相，复于其中书一"牛"字，其意盖谓此犀牛扇子系指宇宙之实体，而非指实物之扇。此外，《碧岩录》第九十一则亦举此公案，于"者无对"之语下，另举投子、石霜、资福、保福等诸师所加之"代语"。

黄檗希运

希运（？—850），福州闽县（今属福建福州）人，姓氏不祥。幼年出家于洪州黄檗山，聪慧利达，学通内外，人称黄檗希运。相貌殊异，额肉隆起如珠，号为肉珠。据《宋高僧传》卷二十载，希运游天台山，偶逢一僧，目光烂然射人，希运与之比肩而行。路逢巨溪，溪水泛泛涌溢。僧催希运渡水，希运乃强激发之曰："师要渡，自渡。"僧乃褰衣而行，足蹑水波，如履平地。至他岸，回顾招手曰："渡来。"希运戟手呵曰："咄！自了汉，早知必斩汝胫。"僧叹曰："真大乘法器，我所不及。纵能伤我，只取辱焉。"少顷不见。

后游京师，遇一姥指示，遂还洪州谒百丈怀海，并大开心眼，得百丈所传心印，一时声誉弥高，人皆赞为大乘之器。后于黄檗山鼓吹直指单传之心要，四方学子云集而来。时河东节度使裴休镇宛陵，建寺，迎请说法。师以酷爱旧山，故凡所住山，皆以黄檗称之。唐宣宗大中四年（850）示寂，年寿不详。谥号“断际禅师”。门下有临济义玄、睦州道纵等十数人。裴休辑师语录成一卷，并题名《黄檗山断际禅师传心法要》，广行于世。

黄檗看经

此则公案乃叙述黄檗禅师与其法嗣临济义玄之机缘。据《镇州临济慧照禅师语录·行录》载：

师因半夏上黄檗，见和尚看经。师云：“我将谓是个人，元来是揞黑豆老和尚。”

住数日，乃辞去。黄檗云：“汝破夏来，不终夏去。”

师云：“某甲暂来礼拜和尚。”

黄檗遂打趁令去。师行数里，疑此事，却回终夏。

佛教规定每年四月至七月有九十天要结夏安居，若违反规定，即称破夏。临济义玄于结夏安居中至黄檗处，黄檗正在看经，临济心想：这老和尚果真只是个拘泥经句的“文字法师”，若逗留于此亦无法得益。不数日，即欲辞去。黄檗

乃谓：你破夏而来，不终夏，即欲去？临济答：我只是来礼拜和尚。黄檗遂将其逐打出去。临济已行数里，始觉黄檗此举实乃对自己的亲切化导，即返回终此一夏。盖黄檗经常看经，并不代表他拘泥于文字经句；黄檗之逐打临济，亦非表示其为独断而无理之人。临济行数里而折返，乃在悟知黄檗实为忠实守夏而有绵密宗风之人。

黄檗噇酒

此则又作黄檗酒糟汉、黄檗噇糟、黄檗噇酒糟，乃黄檗希运禅师呵斥拘泥语言文字之行者仅尝得释迦、达摩之残渣，有如仅尝得酒糟味，而不知真正酒味之公案。噇，吃之意。据《碧岩录》第十一则载：

> 黄檗示众云："汝等诸人，尽是噇酒糟汉，恁么行脚，何处有今日？还知大唐国里无禅师么？"
>
> 时有僧出云："只如诸方匡徒领众，又作么生？"
>
> 檗云："不道无禅，只是无师。"

黄檗感叹大唐国虽广，却无真正能说禅化导行者之师家。盖黄檗此语系为喝破彼等拘泥于语言文字、行脚参访而无所得者之迷执，促其经由身证体验以开拓本具之佛性。

黄檗礼佛

此则公案叙述黄檗希运禅师于佛殿上礼佛，与当时为沙弥之唐宣宗所作之问答。据《古尊宿语录》卷三《黄檗断际禅师宛陵录》载：

> 师在盐官会里，大中帝为沙弥，师于佛殿上礼佛。沙弥云："不着佛求，不着法求，不着众求。长老礼拜，当何所求？"
>
> 师云："不着佛求，不着法求，不着众求。常礼如是事。"
>
> 沙弥云："用礼何为？"
>
> 师便掌。
>
> 沙弥云："太粗生！"
>
> 师云："者里是什么所在？说粗说细。"
>
> 随后又掌，沙弥便走。

盖唐宣宗只见黄檗礼佛之形象，未见其心髓，而徒然说粗说细，遂遭黄檗之痛掌。

沩山灵祐

沩山灵祐（771—853），禅宗沩仰宗初祖。福州长溪（今福建霞浦县南）人，俗姓赵。法名灵祐。十五岁随建善寺法常（又称法恒）律师出家，于杭州龙兴寺受具足戒。曾先后遇寒山、拾得。二十三岁至江西参谒百丈怀海，为上首弟子，于此顿悟诸佛本怀，遂承百丈之法。唐宪宗元和末年，栖止潭州大沩山，山民感德，群集共营梵宇，由李景让之奏请，敕号同庆寺。其后（一说大中初年）相国裴休亦来咨问玄旨，声誉更隆，禅侣辐辏，海众云集。会昌法难之际，灵祐隐于市井之间，至唐宣宗大中元年（847）复教之命下，众迎返故寺，巾服说法，不复剃染。裴休闻之，亲临劝请，始归缁流。灵祐住山凡四十年，大扬宗风，世称沩山灵祐。大中七年（853）正月示寂，世寿八十三，法腊六十四。谥号“大圆禅师”。有《语录》《警策》各一卷传世。嗣法弟子有慧寂、洪諲、智闲等四十一人。其中仰山慧寂承其

后而集大成，世称沩仰宗。

踢倒净瓶

此则公案乃百丈怀海为择大沩山住持，检验典座灵祐、首座华林二人之见解。据《景德传灯录》卷九载：

百丈是夜召师入室，嘱云："吾化缘在此，沩山胜境，汝当居之，嗣续吾宗，广度后学。"

时华林闻之曰："某甲忝居上首，祐公何得住持？"

百丈云："若能对众下得一语出格，当与住持。"即指净瓶问云："不得唤作净瓶，汝唤作什么？"

华林云："不可唤作木楔也。"

百丈不肯，乃问师，师踢倒净瓶。

百丈笑云："第一坐输却山子也。"遂遣师往沩山。

此公案中，百丈怀海欲使灵祐住持沩山，华林不服，百丈乃指净瓶试二人之优劣。华林答"不唤作木楔"，尚落言诠；灵祐趯倒净瓶，表明绝了相待差别之意，胜过华林，遂住持沩山。

典座虫生

此为灵祐与石霜、庆诸二禅师之机缘语句。典座，为禅林中负责大众斋粥之职称，系东序六知事之一。据《禅苑蒙求》卷中载：

石霜诸禅师初造大沩，愿藉名役作，勤劳杵臼间甚久。祐见之簸处，曰："檀信物不可抛撒。"

曰："不敢。"

祐俯拾得一粒，曰："此非抛撒者耶?"

师拟对之。祐曰："勿轻此一粒，百千粒从此粒生。"

曰："即如是，此粒从何生乎?"

祐为大笑。明日升座，曰："大众米里有虫。"

盖沩山所谓米中之虫系指石霜、庆诸，沩山激赏石霜领悟力之透脱与机锋之疾捷，故以此暗语赞扬之。

铁磨老牸牛

此则又作刘铁磨老牸牛、铁磨到沩山、沩山刘铁磨，为沩山灵祐禅师与会下老尼刘铁磨之问答。据《碧岩录》第二

十四则载：

刘铁磨到沩山，山云："老牸牛，汝来也。"

磨云："来日台山大会斋，和尚还去么？"

沩山放身卧，磨便出去。

盖沩山自称水牯牛，于此称铁磨为老牸牛，乃与其自称相对，而赞许铁磨非比平常之机锋。对铁磨之问，沩山放身卧而不答，表示无心里之活处；铁磨出去，则表示归家稳坐之落处。二人于问答之间，皆自守本分，往来无碍，故此公案显示出二人为同得同证之知音。

临济义玄

临济义玄（？－867），禅宗临济宗之祖。唐曹州南华（今山东菏泽）人，俗姓邢。幼负出尘之志，及落发受具足戒后，便慕禅宗。初到江西参黄檗希运，又礼高安大愚、沩山灵祐等。后还黄檗，受印可。唐宣宗大中八年（854）至河北镇州，住于临济院，设三玄三要、四料简等机法接引徒众，更以机锋峭峻著称于世，别成一家，遂成临济宗。义玄接化学人，每以叱喝显大机用，世有“德山棒，临济喝”之称。其对参禅者极为严苛，然学徒奔凑，门风兴隆，为禅宗最盛行之一派。

唐懿宗咸通八年（867）示寂，敕谥“慧照禅师”。其语要由门人慧然编成《镇州临济慧照禅师语录》一卷。嗣法者有兴化存奖、三圣慧然、灌溪志闲等二十二人，皆为宣扬宗风之佼佼者。

临济三句

此为临济义玄禅师接引学人之三种方法。据《临济语录》载：

上堂，僧问：“如何是第一句？”

师云：三要印开朱点侧，未容拟议主宾分。

问：“如何是第二句？”

师云：妙解岂容无着问，沤和争负截流机。

问：“如何是第三句？”

师云：看取棚头弄傀儡，抽牵都来里有人。

此则公案之第一句，指言语以前之真实意味。“三要”，指真佛；“印开”，即开显佛心印；“三要印开”，指一念开悟，真佛具现，而至成佛。第二句，则教示第一句真佛具现之绝对解了会得。此解了会得系绝对认识，不容许任何随机乘便。“沤和”为梵语 upāya（即方便）之音译；“截流机”指断灭烦恼而得解脱，即以各种方便法门而求绝对之解脱。此句即具体说明真佛具现之绝对。第三句系专对求道者中不

通第一句、第二句之钝根者而设的各种方便法门，有如傀儡师所现之各种神头鬼面。

临济四喝

此为临济义玄禅师以“喝”接引徒众之四种方法。据《临济录》载：

> 师问僧：“有时一喝如金刚王宝剑，有时一喝如踞地金毛师子，有时一喝如探竿影草，有时一喝不作一喝用。汝作么生会?”
>
> 僧拟议，师便喝。

一喝有一种效用，临济此则公案有四种功效。第一喝为发大机之喝，于学人系着知解情量、拘于名相言语时下之，其时有如宝剑斩物一般。第二喝为大机大用之喝，于修行者测度师家、来呈小机小见时，震摄一喝，如狮子哮吼时，野干脑裂。第三喝为师家勘验学人之修行，或学人测试师家时所用，为勘验之喝。第四喝即向上之一喝，虽不入前三喝之中，却能将前三喝收摄在其中。此公案中，临济以四喝示僧，僧尚不能会得，拟议论，因此临济再下一喝。

临济佛法大意

此则又作定上座伫立、定上座问临济、临济托开、擒定上座，系临济义玄禅师与定上座之问答。据《碧岩录》第三十二则载：

定上座问临济："如何是佛法大意？"

济下禅床擒住，与一掌，便托开。

定伫立，傍僧云："定上座何不礼拜？"

定方礼拜，忽然大悟。

此则公案中，"定上座"为就佛法大意，苦心惨淡、真参实究之人，其向临济发问之间，恰如卵壳中成形之雏鸟，由内部自啄而出。临济之作风，原就机锋严峻，方法辛辣，此时突下禅床，抓定上座胸次，飞掌而击，乃为开示佛法大意当体现前之相，系临济慈悲之显发。然定上座未能体会此一妙境，犹茫然伫立，经由旁僧之示意，始知问答已毕，礼拜之余，顿然开悟。其于礼拜之一刹那，身心脱落，全然契会本分之事。

临济栽松

此为黄檗希运与临济义玄师徒间之问答。据《临济录》载：

师栽松次，黄檗问："深山里栽许多作什么？"

师云："一与山门作境致，二与后人作标榜。"

道了，将镢头打地三下。黄檗云："虽然如是，子已吃吾三十棒了也。"

师又以镢头打地三下，作嘘嘘声。黄檗云："吾宗到汝，大兴于世。"

黄檗为试验临济之道念，以深山表示本来成佛之义。黄檗之问，意谓本来成佛，何故修行？临济为表示自己之信心，故打地三下，并作嘘嘘声，表达感谢之意。

临济真人

据《临济录》载：

上堂云："赤肉团上有一无位真人，常从汝等诸人面门出入。未证据者，看！看！"

时有僧出，问："如何是无位真人？"

师下禅床，把住云："道！道！"

其僧拟议，师托开云："无位真人是什么干屎橛！"

便归方丈。

菩萨由凡夫到成佛，要经过十信、十住、十行、十回向、十地、等觉、妙觉等五十二个阶位。无位真人即指不住于上述任何阶位之自由人，亦即人人本具之佛性。然不知此理之僧尚出而问真人之所在。以其向外觅真人，故临济猛喝无位真人是干屎橛。此则公案之旨要，即欲令返璞归真，以呈现真人之面目。

临济瞎驴

此为临济义玄禅师示寂前与其弟子三圣慧然之问答。据《临济录》载：

师临迁化时，据坐云："吾灭后，不得灭却吾正法眼藏。"

三圣出云："争取灭却和尚正法眼藏。"

师云："已后有人问尔，向他道什么？"

三圣便喝。师云："谁知吾正法眼藏向这瞎驴边灭却！"

言讫，端然示寂。

此公案中，临济将三圣比作愚钝之瞎驴，然却付嘱其正

法眼藏。“瞎驴边灭却”之意旨如何，为本公案之要点。临济揶揄其正法眼藏“向这瞎驴汉灭却”，在对三圣之贬抑中实寓赞美之意，表示真正之付嘱。

洞山良价

洞山良价（807—869），禅宗曹洞宗之祖。会稽（今浙江绍兴）人，俗姓俞。幼从师诵《般若心经》，以无根尘之义问其师，其师骇然，即指往五泄山礼灵默禅师披剃。年二十一，诣嵩山受具足戒，寻谒南泉普愿禅师，深领其旨。又访沩山灵祐禅师，参“无情说法”之公案，不契。受指示诣云岩昙晟，问“无情说法”之义。辞归时，涉水睹影，大悟前旨。后嗣云岩之法，于江西洞山弘扬佛法，倡“五位君臣”说，门风颇振。唐懿宗咸通十年（869），命剃发披衣，鸣钟辞众，大众号恸不止。良价忽开目谓曰：“夫出家之人，心不附物，是真修行；劳生息死，于悲何有？”众犹恋慕不已，乃延七日，至第八日浴讫，于丈室端坐长往。世寿六十三，法腊四十二。敕谥“悟本禅师”。其嗣法弟子有云居道膺、曹山本寂、龙牙居遁、华严休静、青林思虔等二十余人。尤以曹山本寂之法系称作曹山，合之称为曹洞宗。著有

《宝镜三昧歌》《玄中铭》《洞山语录》等。

洞山大事

此则又作三渗漏，为洞山良价与僧之问答机缘。据《洞山录》载：

师问僧："世间何物最苦？"

僧云："地狱最苦。"

师曰："不然！"

云："师意如何？"

师曰："在此衣线下不明大事，是名最苦。"

洞山提示生死之根本问题未能解决为最苦，谓人眩惑于目前之事物而不究真实。"衣线下"指袈裟，引申为修行佛道之事。

洞山不安

洞山良价寓不安（生病），商量超绝安、不安，即得相见屋中之本佛。据《景德传灯录》卷十五载：

问："和尚遗和还有不病者也无？"

师曰："有。"

僧曰："不病者还看和尚否？"

师曰："老僧看他有分。"

曰："和尚争得看他？"

师曰："老僧看时即不见有病。"

此则公案中，僧所问之"不病者"即指人人圆具之本佛；更问"不病者还看和尚否"，谓本佛是否看护身体之病；又问"和尚争得看他"，谓如何得与本佛相见。洞山答以"即不见有病"，盖谓若不堕病、不病二见，身心共解脱时，已了无病痛可言。

洞山水深浅

此为洞山良价禅师与其法嗣云居道膺渡水时之问答机缘。据《洞山录》载：

云居随师渡水次。

师问："水深多少？"

居云："不湿。"

师曰："粗人。"

居云："请师道。"

师曰："不干。"

洞山借"水深多少"一语教示弟子道膺。此水乃指世间之浊水，谓佛弟子对世间浊水或深或浅，皆当取受，如云居

之自净其身并非正确。

洞山地神

此为洞山良价禅师与土地神之故事。洞山住持僧院期间，不令土地神察知其踪迹。一日，洞山见僧抛撒米粒，念头一动，终被土地神发现。据《碧岩录》第九十七则载：

是故洞山和尚一生住院，土地神觅他踪迹不见。一日，厨前抛撒米面，洞山起心曰："常住物色，何得作践如此？"

土地神遂得一见，便礼拜。

洞山佛向上事

据《景德传灯录》卷十五载：

师有时云："体得佛向上事，方有些子语话分。"

僧便问："如何是语话？"

师曰："语话时阇梨不闻。"

曰："和尚还闻否？"

师曰："待我不语话时即闻。"

所谓"佛向上事"，即佛之真相实态。洞山教示以佛道

修行具现之，始能体会、了知佛向上事。

《铁笛倒吹》第七十七则公案《洞山垂语》，与此则公案相同：

洞山良价尝垂语曰："须知有佛向上事。"

时有僧出问："如何是佛向上事？"

山答："非佛。"

非佛，即超越佛之意。洞山为彻底排除佛之固定化，大胆表现真佛之所在而提示"非佛"。

洞山过水悟道

此则公案是指洞山良价辞别其师云岩昙晟和尚，于途中将渡水时，见自己身影，悟而赋偈。《景德传灯录》卷十五载其偈曰：

切忌从他觅，迢迢与我疏。

今日独自在，处处得逢渠。

渠今正是我，我今不是渠。

应须恁么会，方得契如如。

洞山供真

此则又作洞山见影，乃洞山良价因供养其师云岩昙晟之像，与僧之问答。据《从容录》第四十九则载：

洞山供养云岩真次，遂举前邈真话。

有僧问："云岩道'只这是'，意旨如何？"

山云："我当时几错会先师意。"

僧云："未审云岩还知有也无？"

山云："若不知有，争解恁么道？若知有，争肯恁么道？"

洞山供养云岩之像，显示对其师"只这是"有所体取。此"只这是"乃谓佛法于即今即处完全现成之事实。

洞山到顶么

此则公案叙述洞山假托僧之游山，勘验其行履（本来面目）之接化方式。据《洞山录》载：

师问僧："甚处来？"

僧云："游山来。"

师曰："还到顶么？"

云：“到！”

师曰：“顶上有人么？”

云：“无人。”

师曰：“恁么则不到顶也。”

云：“若不到顶，争知无人。”

师曰：“我从来疑着这汉。”

洞山拂袖出去

此则公案为百颜明哲与洞山良价、密师伯之问答机缘。据《景德传灯录》卷十四载：

洞山与密师伯到参。

师（百颜）问曰：“阇梨近离什么处？”

洞山曰：“近离湖南。”

师曰：“观察使姓什么？”

曰：“不得姓。”

师曰：“名什么？”

曰：“不得名。”

师曰：“还治事也无？”

曰：“自有郎幕在。”

师曰：“岂不出入。”

洞山便拂袖去。

师明日入僧堂，曰："昨日对二阇梨一转语不稳，今请二阇梨道，若道得，老僧便开粥饭相伴过夏。速道！速道！"

洞山曰："太尊贵生。"

师乃开粥共过一夏。

在此则公案中，洞山对百颜禅师提示了纯真独露、无出入去来、不染污之本来面目。

洞山除名

此则公案系洞山良价谢遣空名，以示真实佛身之接化的故事。

据《洞山录》载：

师将圆寂，谓众曰："吾有间名在世，谁人为吾除得？"

众皆无对。时沙弥出云："请和尚法号。"

师曰："吾间名已谢。"

洞山常切

此则公案又作洞山那身说法，乃洞山良价与僧有关三身的问答机缘。据《从容庵录》第九十八则载：

僧问洞山："三身中那身不堕诸数？"

山云："吾常于此切。"

三身，即法身、报身、应身，此系就教理上而言，然真实之佛身超越教理之理解，而于即今即处现成。洞山言"吾常于此切"即表示此意。

洞山淘米话

此为雪峰义存于洞山良价会下做饭头时，与洞山之问答机缘。据《洞山录》载：

雪峰作饭头，淘米次。

师问："淘沙去米？淘米去沙？"

雪峰云："沙米一时去。"

师云："大众吃个甚么？"

雪峰遂覆却米盆。

师云："据子因缘，合在德山。"

此则公案要点为“淘去”，“淘去”为佛法修行之眼目。沙、米可作种种解释，或谓烦恼、菩提，或谓俗谛、真谛。洞山根据雪峰沙米俱去、覆却米盆之激烈应对，判断其适合德山，遂劝其往德山门下。此公案显示了洞山于法（真理）无私心之亲切作风。

洞山无寸草

此则又作洞山无草、洞山初秋，乃石霜庆诸与大阳警玄对洞山良价之示众添加评论之公案。据《从容庵录》第八十九则载：

> 洞山示众云：“秋初夏末，兄弟或东或西，直须向万里无寸草处去。”又云：“只如万里无寸草处，作么生去?”
>
> 石霜云：“出门便是草。”
>
> 大阳云：“直道不出门，亦是草漫漫地。”

洞山于夏末秋初之间，教示行脚僧向解脱处努力，又示以如何行去。“无寸草处”，即无妄念之处。石霜所说意为妄念乃必然，无可避免，若特意逃避，即是妄念，亦即应显示本来无妄念之实态。大阳之评比石霜更为彻底，谓此处即是妄念，更无出不出门之问题。

洞山鸟道

此为洞山巧示修行佛法之理想方法之公案。据《洞山录》载：

> 僧问："师寻常教学人行鸟道，未审如何是鸟道？"
> 师曰："不逢一人。"
> 僧云："如何行？"
> 师云："直须足下无私去。"
> 僧云："只如行鸟道，莫便是本来面目否？"
> 师云："阇黎因甚颠倒？"
> 僧云："甚么处是学人颠倒？"
> 师云："若不颠倒，因甚么却认奴作郎？"
> 僧云："如何是本来面目？"
> 师云："不行鸟道。"

"鸟道"，比喻不污染之行，即指不留痕迹自由无碍之佛道修行。昔来皆作"没踪迹""断消息"，此则以鸟飞完全不留踪迹而作喻。对僧"如何是鸟道"之问，洞山之答即示此意。然若执着鸟道，即非鸟道，故洞山更示"不行鸟道"，以示脱却其执着。

洞山无寒暑

此则又作洞山寒暑回避、洞山寒热不到，乃洞山良价借寒暑以示学人超脱生死之事之公案。据《碧岩录》第四十三则载：

僧问洞山："寒暑到来，如何回避？"

山云："何不向无寒暑处去？"

僧云："如何是无寒暑处？"

山云："寒时杀阇黎，热时杀阇黎。"

洞山以寒暑喻生死，谓寒时安住于寒处，热时安住于热处，无有分别，始得自由，亦即提示于生死得解脱妙处。

洞山果子

此为洞山良价与泰首座之问答机缘。据《洞山录》载：

师与泰首座冬节吃果子次，乃问："有一物，上拄天，下拄地，黑似漆，常在动用中，动用中收不得。且道，过在甚么处？"

泰云："过在动用中。"

师唤侍者掇退果卓。

真如（一物）为宇宙一切之原则，一切事物于其中生灭，真如超越生灭而生气蓬勃地活动。此活动非在动用中，亦非超越动用，洞山所说“有一物”即指真如而言。泰首座答以“过在动用中”，洞山遂斥泰首座于动用中将之固定而执着，故唤侍者掇退果桌。

洞山过水

此为洞山良价与神山僧密在行脚途中渡河时之问答机缘。据《五灯会元》卷五载：

> 师（神山僧密）与洞山渡水。
>
> 山曰：“莫错下脚！”
>
> 师曰：“错即过不得也。”
>
> 山曰：“不错底事作么生？”
>
> 师曰：“共长老过水。”

此公案之要点在于“不错底事作么生”，即问最安全之渡法。神山僧密答以二人一起渡过，以此显示寻常之道。此乃最能表现洞山宗风之公案。

洞山说心说性

此为神山僧密与洞山良价之问答机缘。据《洞山录》载：

师与神山行次，指路傍院云："里面有人，说心说性。"

神山云："是谁？"

师云："被师伯一问，值得去死十分。"

神山云："说心说性底谁？"

师云："死中得活。"

说心说性，乃人间生活之实态。若不提升为思维之对象，则可活泼泼地自然流转；一旦成为思维之对象，生命则枯干衰死。此则公案以"说心说性底谁"一语，将说心说性由概念之枯死，还归于生生流动之生命。

亡僧索命

据《禅苑蒙求》卷中载：

盐官会下有一主事僧将死。鬼使来取，僧告曰："某甲身为主事，未暇修行，乞容七日，得否？"使曰：

“待为白王，若许，即七日后来；不然，须臾便至。”言讫去。至七日后方来觅，其僧不见。

后有人举问一僧：“若来时，如何拟抵他?”

洞山代云：“被他觅得也。”

此则公案所举洞山之意，谓任鬼使捕捉，既该死而不逃隐，乃为真道人之道。

白马遁儒

白马，法名遁儒，生平事迹不详。唐末曹洞宗禅师，曹洞宗祖洞山良价之法嗣。以久住洛阳白马寺举扬宗风，世称白马遁儒。

白马法身

白马，指唐末曹宗洞之白马遁儒禅师。据《景德传灯录》卷十七载：

问："如何是法身向上事？"

师曰："井底虾蟆吞却月。"

此则公案中，禅僧所问之"法身向上事"即指彻悟成佛之宗门大事。盖一切众生皆有佛性，本来即可成佛，然以种种分别情见，迷执颠倒，遂远离成佛之途。遁儒未直接答复

禅僧之问话，而谓井底之蛙吞却天上之月，乍看似答非所问。然遁儒禅师本意，乃在暗示彻悟之境界原系一种非思量、离四句、绝非之境界，必得远离思量推度等概念始得领会之。

钦山文邃

钦山文邃，生卒年不详，福州（今福建福州）人。少依杭州大慈寰中受业，尝共岩头全豁、雪峰义存参德山宣鉴，未契。后于洞山良价门下发解，嗣其法。年二十七入住钦山，机锋猛锐，四众畏敬。

一镞破三关

此公案又作钦山一镞破三关，系唐代澧州钦山文邃禅师与巨良禅客之问答语句。据《碧岩录》第五十六则载：

良禅客问钦山："一镞破三关时如何？"

山云："放出关中主看。"

良云："恁么则知过必改。"

山云："更待何时？"

良云："好箭放不着所在。"便出。

山云："且来，阇黎。"

良回首，山把住，云："一镞破三关即且止，试与钦山发箭看。"

良拟议，山打七棒云："且听这汉疑三十年。"

此则公案以一箭射破三道关门，比喻一念超越三大阿僧祇劫，一心贯彻三观，一棒打杀三世诸佛，不经任何阶段而直参本来面目。

睦州道明

睦州道明（780－877），又称道踪。江南人，俗姓陈。黄檗希运禅师之法嗣。居睦州（今属浙江）龙兴寺，晦迹藏用。常织蒲鞋，密置于道上，鬻之以奉母。岁久，人知之，有“陈蒲鞋”之称。学人来叩问，则随问随答，词锐不可当。由是四方归慕，号为“陈尊宿”。尝接引游方修行中之云门文偃，而以痛骂“秦时镀轹钻”传为禅林佳话。唐僖宗乾符四年（877）示寂，世寿九十八。

睦州掠虚汉

此则又作睦州掠虚、睦掠虚头汉、睦州问僧甚处、睦州问僧。乃显示睦州道明禅师门风严峻之公案。据《碧岩录》第十则载：

睦州问僧："近离甚处？"

僧便喝。州云："老僧被汝一喝。"

僧又喝。州云："三喝四喝后作么生？"

僧无语。州便打云："这掠虚头汉。"

掠虚汉，又作掠虚头汉，意指仅知一味模仿他人行动言语之禅徒、似是而非之禅徒。盖道明欲问僧来处以勘辨其识见，然彼僧胡喝数声后，竟然无语，道明察知其为掠虚汉，故打之，以截断其虚喝。

道吾圆智

道吾（769—835），豫章海昏（今江西修水）人，俗姓张。世称道吾圆智，《五灯会元》卷五称之为宗智。幼时依涅槃和尚出家，后投药山惟俨门下，得其心印而嗣其法。历访诸山，至潭州（今湖南长沙）道吾山，大振禅风。唐文宗太和九年（835）示寂，世寿六十七。谥号“修一大师”。

道吾一家吊慰

此则又作道吾不道不道，为道吾圆智禅师与其弟子渐源仲兴问答之公案。据《碧岩录》第五十五则载：

道吾与渐源至一家吊慰。

源拍棺木云：“生邪？死邪？”

吾曰：“生也不道，死也不道。”

源云："为什么不道？"

吾云："不道！不道！"

回至中路，源云："和尚快与某甲道，若不道，打和尚去也。"

吾云："打即任打，道即不道。"

源便打。后道吾迁化，源到石霜，举似前话。

霜云："生也不道，死也不道。"

源云："为什么不道？"

霜云："不道！不道！"

盖真如之实际，生时即已现成，死时亦已现成。生时，生之全机现；死时，死之全机现。而当渐源拍棺问时，则真如实际之全机已现，渐源不解；直至石霜处，始痛切思知道吾之亲切为人。

道吾五峰

此则公案乃道吾圆智与百丈怀海之法嗣五峰常观之问答。据《五灯会元》卷五载：

师到五峰。

峰问："还识药山老宿否？"

师曰："不识。"

峰曰："为甚么不识？"

师曰："不识！不识！"

此则公案重点在"不识"一语。不识非不知之意，乃是显现言诠不及、非思量之本体。此"非思量"即药山之本来面目。

道吾同道者方知

此则公案为道吾禅师与某僧就无神通菩萨之踪迹的往来回答。据《联灯会要》卷十九载：

僧问："无神通菩萨为甚么足迹难寻？"

师云："同道者方知。"

"亡和尚还知么？"

师云："不知。"

云："为甚么不知？"

师云："去！汝不会我语。"

僧问无神通菩萨之踪迹，道吾答以"同道者方知"，意即亲自为无神通菩萨，始能知其踪迹。僧又问"和尚知否"，答以"不知"；再追问"为何不知"，道吾乃斥责之。盖无神通菩萨之踪迹，乃非思量所能了知之对象，除非亲自成为无神通菩萨，否则分毫无从得知。

道吾看病

此为百丈怀海之法嗣沩山灵祐与道吾圆智之问答。据《从容庵录》第八十三则载：

沩山问道吾："甚么处来？"

吾云："看病来。"

山云："有几人病？"

吾云："有病者，不病者。"

山云："不病者莫是智头陀么？"

吾云："病与不病，总不干他事。速道！速道！"

山云："道得也没交涉。"

此则公案之重点在"病与不病，总不干他事"一语。沩山问道吾从何处来，道吾知其要求本来面目，遂答以如上之语，意谓"本来面目非求而能得，若欲求本来面目，即是病根"。

道吾相见

此为道吾圆智与云岩昙晟之问答。据《景德传灯录》卷十四载：

师见云岩不安，乃谓曰："离此壳漏子，向什么处相见？"

岩云："不生不灭处相见。"

师曰："何不道非不生不灭处，亦不求相见？"

道吾探云岩之病时，问其死后会在哪里，云岩告以"死就是随顺不生不灭之道理而已"。此答过于直白，故道吾反问其"何不说不生不灭之道理以外，无论如何亦不能随顺"。

道吾起拜

此则为道吾圆智禅师表示其禅旨真髓之公案。据《景德传灯录》卷十四载：

问："如何是和尚家风？"

师下禅床，作女人拜云："谢子远来，都无祇待。"

家风，指道吾禅旨之真髓。作女人拜，即尊重之礼拜。无祇待，即无言可说。道吾作女人拜而谓都无祇待，表明其禅旨不能以言语分别来表现，除了于现实中如法生活以外，别无一物可言。

道吾得裈

南泉普愿某日以裈示众僧言："无色相之法身，具备完有之元素（地、水、火、风等四大）否？能解此问题者，将此裈与之。"道吾答："地大之性，异于空性，其他水、火、风亦如是。"南泉即将裈予道吾。盖法身与四大，立于平等门则同，立于差别门则异，此语乃就立于差别门而言者。据《景德传灯录》卷十四载：

南泉示众云："法身具四大否？有人道得，与他一䙓裈。"

师云："性地非空，空非性地，此是地大，三大亦然。"

南泉不违前言，乃与师裈。

另外，《禅苑蒙求》卷下谓此则公案乃药山惟俨与道吾问答之公案。

道吾装鬼

这则公案很有趣。据《禅苑蒙求》卷上载：

三圣到道吾。吾预知，以绯抹额，持神杖于门下

立。圣曰："小心祗候！"

吾应"喏"。圣参堂了，再上人事。吾具威仪，方丈内坐。圣才近前，吾曰："有事相借问，得么？"

圣曰："也是适来野狐精，出去！"

鬼，指出门之守护神。道吾因预知素以机锋俊敏而闻名之三圣慧然禅师将上山来，故装扮成山门之守护神（鬼）在门外应对。因三圣态度谨慎，故允许其入门。三圣参堂之后，入方丈拜见道吾。道吾本欲询问三圣所悟之旨，反被三圣识破。三圣戏称道吾为"野狐精"，使道吾机锋顿失。

夹山善会

夹山善会（805－881），汉广岘亭（今湖北襄阳）人，俗姓廖。唐代僧。九岁于潭州（今湖南长沙）龙牙山剃度，二十岁受具足戒。未久往江陵，专研经论，又至禅会处参学。初住京口（今江苏镇江）之鹤林寺，时值道吾从襄州关南来，与之相互问答，大有所得。后依道吾之劝，赴浙中华亭县，参谒船子德诚，师资道契，遂嗣其法。唐懿宗咸通十一年（870），居湖南澧州之夹山寺，大扬禅风。中和元年（881）十一月七日示寂，世寿七十七，法腊五十七。敕谥“传明大师”。

夹山挥剑

此为夹山善会禅师以般若利剑斩破一切执着之公案。据

《从容庵录》第六十八则载：

僧问夹山："拨尘见佛时如何？"

山云："直须挥剑，若不挥剑，渔父栖巢。"

此则公案谓打破执着，佛亦可斩。若不斩，则如渔父处于山巢，失去禅之活用。纵与佛相见，然因执着未破，反堕毒海，折损慧命。

兴化存奖

存奖（830—925），河北蓟县（今天津蓟州区）人，俗姓孔，仲尼之裔，流寓甘泉（今属陕西）。幼修儒学，博通多闻。依盘山有院晓方出家，受具足戒。后投镇州临济义玄之门，随侍其侧。其后遍游南方丛林，曾参谒仰山慧寂。后随临济义玄移至魏府（治所在今河北大名），并嗣其法嗣。乾符二年（875），应幽州节度使董廓等之招请欲归盘山，然以魏府韩公之叔的劝请，遂移住魏府兴化寺，发挥临济义玄之禅风，世称兴化存奖。后唐庄宗同光二年（924）召入问法，赐衣号，存奖谦辞不受，肯请放归故院，帝旌其门荣之。后再召入内，讲论毕，赐马，乘之出。癫醉伤足，寻疾。敕谥“广济大师”，塔号“通寂”。有《兴化禅师语录》行世，收入《左尊宿语录》卷五，其他散见于《祖堂集》卷二十、《景德传灯录》卷十二、《天圣广灯录》卷十二、《联灯会要》卷十等书。

克宾出院

此为存奖禅师以灵活机法接引弟子克宾奋发向上，并期以开悟得法之故事。据《禅苑蒙求》卷下载：

兴化谓克宾维那曰："汝不久为唱导之师。"

宾曰："我不入这保社。"

化曰："你会不了入，不会了不入。"

宾曰："总不与么？"

化便打，曰："克宾维那，法战不胜，罚钱钻饭。"

次日，兴化入堂白槌曰："克宾维那，法战不胜，罚钱五贯，设钻饭一堂，仍须出院。"

宾后出世，住太行山嗣兴化。

此则公案中，兴化对克宾是否具备为唱导师之资格数次提问，克宾未能契悟。兴化乃击槌宣示克宾之失败，克宾因此离开兴化院（寺）。禅林以此事缘，拈出"克宾出院"一语，以为后代禅徒参悟之古则。后来克宾悟道以后，住持太行山，后又返归兴化寺，嗣兴化存将之法。

庄宗得宝

此为五代后唐庄宗与兴化存奖禅师之机缘语句。据《景德传灯录》卷十二载：

庄宗一日谓师曰："朕收大梁，得一颗无价明珠，未有人酬价。"

师曰："请陛下珠看。"

帝以手舒开幞（四方垂下之头巾）头脚。

师曰："君王之宝，谁敢酬价。"

盖存奖所说之"君王之宝"亦即庄宗自言之"无价明珠"，乃指至上之本来面目。此本来面目原本超越大小、有无、好恶、胜劣等之对立而涵盖万事万物，故无法出价或买之。

兴化打中

此为兴化存奖禅师与某僧之机缘对话，于中点出直取中道之意。据《五灯会元》卷十一载：

僧问："四方八面来时如何？"

师曰："打中间底。"

僧便礼拜。师曰："昨日赴个村斋，中途遇一阵卒

风暴雨，却向古庙里骅避得过。”

兴化禅师借此公案，谓人在东、南、西、北四面八方中，应立于中央，不应偏向任何一方，借以比喻修道者应远离断与常、有与无、苦与乐等各种两端截然对立之差别见解，而直趋不偏不倚之中道。

香严智闲

香严（？－898），青州（治所在今山东益都）人，唐代僧，法号智闲。初从百丈怀海出家，后谒沩山灵祐，不契，泣涕辞去。偶于山中芟草，瓦砾击石作声，廓然有省，乃悟沩山秘旨，因嗣其法。住邓州香严山，化法大行，净侣千余人，后世称之为香严禅师。师性严谨，语言简直，有偈二百余首，诸方盛行。敕谥“袭灯大师”。

香严上树

据《无门关》第五则载：

香严和尚云：“如人上树，口衔树枝，手不攀枝，脚不踏树。树下有人，问西来意。不对即违他所问，若对又丧身失命。正恁么时，作么生对？”

此为比喻公案。言人上树，口衔树枝，树下人问其“何谓祖师西来意”。此时树上人虽有手脚，却全无用处。公案以此比喻自己本来之姿态，即无说之说，无作之作。故《无门关》曰：“纵有悬河之辩，总用不着。说得一大藏教，亦用不着。若向者里对得者，活却从前死路头，死却从前活路头。”

香严原梦

原梦，占梦、解梦之意。据《禅苑蒙求》卷上载：

沩山卧次，仰山问讯。沩山转面觑后仰云：“某甲是和尚弟子，何用形迹？”

沩山作起势，仰山便出。

沩山唤回云：“我适来得一梦，汝试原看。”

仰山将一盆水并手巾度与沩为。沩山遂洗面。

香严至，沩云：“我适来与寂子作一上禅通，不同小小。”

严云：“某甲下面一一知得。”

沩云：“试道看。”

严点一碗茶与沩山，沩云：“二子神通过于鹙子。”

盖神通非关奇特玄妙，于禅者之眼目中，其要处乃在日常茶饭中之妙用。仰山、香严二师未直接解梦，而径自奉以

茶水、手巾等，实谓于午睡梦醒者而言，解梦乃多余之事，自不如茶水、手巾之应时妙用。

香严击竹

此则公案乃香严智闲禅师得悟之因缘故事。据《景德传灯录》卷十一载：

> 邓州香严智闲禅师，青州人也。厌俗辞亲，观方慕道。依沩山禅会。一日谓之曰：“吾不问汝平生学解及经卷册子上记得者，汝未出胞胎、未辨东西时，本分事试道一句来。吾要记汝。”师懵然无对。沉吟久之，进数语，陈其所解。祐皆不许。师曰：“却请和尚为说。”祐曰：“吾说得是吾之见解，于汝眼目，何有益乎?”师遂归堂，遍检所集诸方语句，无一言可将酬对。乃自叹曰：“画饼不可充饥。”于是尽焚之，曰：“此生不学佛法也，且作个长行粥饭僧，免役心神。”遂泣辞沩山而去。抵南阳，睹忠国师遗迹，遂憩止焉。一日，因山中芟除草木，以瓦砾击竹作声。俄失笑间，廓然惺悟。遽归沐浴，焚香遥礼沩山。赞云：“和尚大悲，恩逾父母，当时若为我说却，何有今日事也。”

疏山倒屙

此为唐末疏山匡仁禅师因傲慢、恶见之罪而被师兄香严智闲预言倒屙三十年之故事。倒屙，即口吐大便。据《景德传灯录》卷十一载：

> 僧问："不慕诸圣，不重己灵时如何？"
>
> 师曰："万机休罢，千圣不携。"
>
> 此时疏山在众，作呕曰："是何言欤？"师问："阿谁？"众曰："师叙。"师曰："不诺老僧耶？"疏山出曰："是。"师曰："汝莫道得么？"曰："道得。"师曰："汝试道看。"曰："若教某甲道，须还师资礼始得。"师乃下座礼拜，蹑前语问之。疏山曰："何不道肯重不得全？"师曰："饶汝恁么也须三十年倒屙。"设住山无柴烧，近水无水吃，分明记取。后住疏山，果如师记。至二十七年病愈，自云："香严师兄记我三十年倒屙，今少三年在！"每至食毕，以手抉而吐之，以应前记。

此则公案阐示疏山于平等见解中彻悟昔日自傲之罪业深重。

赵州从谂

从谂（778－897），曹州郝乡（一说青州临淄）人，俗姓郝。幼年于曹州扈通院（一说青州龙兴院）出家，受具足戒前，即往池阳参谒南泉普愿，南泉深器之。复往嵩州瑠璃坛受戒，寻返南泉，依止二十年。其后历参黄檗、宝寿、盐官、夹山、五台等诸大德。八十岁时，众请住赵州城东观音院，四十年间，大扬禅风。师夙居北地，振南宗禅，常私淑三僧璨之《信心铭》，玄言遍天下，其示众、问答等公案，如“狗子佛性”“至道无难”等语俱脍炙人口。唐昭宗乾宁四年（897）示寂，世寿一百二十岁。敕谥“真

际大师”。著有《真际大师语录》三卷。

平常心是道

此则又作赵州平常心是道、平常是道，乃南泉普愿禅师接化赵州从谂之语句。据《无门关》第十九则、《祖庭事苑》卷七、《五灯会元·赵州章》等载：

南泉因赵州问：“如何是道？”

泉云：“平常心是道。”

州云：“还可趣向否？”

泉云：“拟向即乖！”

州云：“不拟争知是道？”

泉云：“道不属知，不属不知；知是妄觉，不知是无记。若真达不拟之道，犹如太虚廓然洞豁，岂可强是非也。”

州于言下顿悟。

又颂云：

春有百花秋有月，夏有凉风冬有雪。

若无闲事挂心头，便是人间好时节。

禅林中每以“平常心是道”为习惯用语。盖日常生活中所具有之根本心，见于平常之喝茶、吃饭、搬柴、运水处，皆与道为一体。平常心，指行、住、坐、卧等四威仪之起居

动作，而此四威仪乃为真实之禅。《景德传灯录》卷二十八举江西大寂道一禅师之示众语曰："道不用修，但莫污染。何为污染？但有生死心，造作趣向皆是污染。若欲直会其道，平常心是道。谓平常心无造作，无是非，无取舍，无断常，无凡无圣。经云，非凡夫行，非贤圣行，是菩萨行。只如今行、住、坐、卧，应机接物尽是道。"

从谂洗脚

此为唐代赵州从谂禅师行脚时，参谒临济义玄，恰遇临济洗脚之故事。据《禅苑蒙求》卷中载：

> 赵州行脚时参临济，遇济洗脚次。州便问："如何是祖师西来意？"
>
> 济曰："恰值老僧洗脚？"
>
> 州近前，作听势。
>
> 济云："更要第二杓恶水泼在。"
>
> 州便下去。

"祖师西来意"一语，原指禅宗初祖达摩自西天（印度）前来东土之意义、目的，引申为佛法大意或禅之真髓。于各类禅宗典籍中，其与"佛法大意"为常见之同义语，亦为历来禅林师家与学人间相互应对之常用语。禅宗公案以此为问答关键之例颇多。在此则公案中，赵州以此语问佛法大意，

临济则以其当前正在进行之“洗脚”答之，仿若答非所问。赵州遂趋前作听闻状，概欲一闻临济进一步之解说，临济则谓“更要第二杓恶水泼在”。其语概有二重含义：其一，配合原洗脚之动作，洗脚之后即应泼弃洗脚水，而洗脚与弃水皆属日常事务，既平常无奇，又真实生动；佛法禅旨亦应如是，于真实亲切之行住坐卧、语默动静中，当下把握、契入所谓“祖师西来意”。赵州先前未解其意，趋前欲闻弦外之音，临济乃故作惊疑，谓赵州莫非欲索求将弃之污水。其二，“第二杓恶水”本指第二次严厉之机法，即接化学人时第二次所用之方式，其所说之机锋远比第一次激烈毒辣，故禅林素有“第二杓恶水更毒”之语。临济先所言之“恰值老僧洗脚”为初次以直接行动表示禅旨不在日常事之外；至赵州趋前作听闻状时，复以此语为严厉机法，是为第二勺恶水。

从谂仍旧

此则公案谓赵州从谂教导学人不必以思索工夫强求开悟，若踏循前人之踪迹，亦能自达悟境。仍旧，谓沿用、依循、效法前人之习惯、法则、求证方法、工夫等。据《禅苑蒙求》卷下载：

赵州曰：“莫费力也，大好言语，何不仍旧去？世

间法尚有门。法岂无门，自是不仍旧故。”

赵州三转语

此为赵州从谂以机转之三语句接引学人，开示真佛之所在，俾使人人彻见本来面目之公案。据《联灯会要》卷六载：

示众云：“金佛不度炉，木佛不度火，泥佛不度水，真佛内里坐。”

盖金佛若度炉则熔解，木佛若度火则烧毁，泥佛若度水则浑身烂坏；而自性本然之真佛内里端坐，不为水火所坏。此即表示一心不生之处即等于“万法一如”之至理。

赵州大死底人

此则又作赵州大死底、赵州问死，为赵州从谂与投子大同之问答公案，意谓不执着于死、活等无用之言语，即能显示全机现之活眼。据《碧岩录》第四十一则载：

赵州问投子：“大死底人却活时如何？”

投子云：“不许夜行，投明须到。”

盖投子以赵州之问犹执于死、活之言语葛藤，故以暗夜

行路比喻之，意谓须于天明之时，直接照了玄底，方可臻“生也全机现，死也全机现”之真面目。

赵州大萝卜头

此为一僧向赵州从谂禅师探问其与南泉普愿相见一事之问答公案。据《碧岩录》第三十则载：

僧问赵州：“承闻和尚亲见南泉，是否？”

州云：“镇州出大萝卜头。”

此公案中从谂顾左右而言他，对原本简单易答之话题佯作不解，其真义乃直指应当看取眼前真切之生活，否则即便是南泉教诫之金言，亦不如镇州出产的大萝卜头来得有用。

赵州四门

此则又作赵州东西南北，乃赵州从谂就僧所问，以东、西、南、北四门答之之公案。据《碧岩录》第九则载：

僧问赵州：“如何是赵州？”

州云：“东门，西门，南门，北门。”

此公案中，僧质问赵州从谂之面目，赵州乃借赵州城之东、西、南、北四门为喻，而寓指赵州境地亦系借由发心、

修行、菩提、涅槃等四门而至者。依此四门，常行不懈，即可臻至融通无碍之境地。

赵州至道无难

此则公案为赵州从谂禅师与僧所作有关“究极之真实”之问答。据《碧岩录》第二则载：

赵州示众云：“至道无难，唯嫌拣择，才有言语，是拣择？是明白？老僧在不明白里，是汝还护惜也无？”

有僧问：“既不在明白里，护惜个什么？”

州云：“我亦不知。”

僧云：“和尚既不知，为什么却道不在明白里？”

州云：“问事即得，礼拜了退。”

上引“至道无难”一语，出自禅宗三祖僧璨之《信心铭》：“至道无难，唯嫌拣择，但莫憎爱，洞然明白，毫厘有差，天地悬隔。”“至道”，即至极之大道、佛祖之大道，亦即宇宙最高之真理。“至道无难”，谓悟入至极之大道并无困难。全句意谓凡事仅须无想无念去做，则体会大道并无困难；若有好恶、染净、迷悟、彼我、取舍、憎爱等之分别情念，即落入拣择差别之见，以此毫厘之差，必成天壤悬隔之别。至道为一切物最究极之真实，超越分别、言语等，凡有语言，即失其真实。此公案呈现出始终在分别里之僧，与在

无分别里之赵州，二者境界截然不同。盖赵州从谂禅师从《信心铭》中悟得“至道无难”之语，常用以接引学人，遂为禅林间所袭用。《碧岩录》第五十七则《赵州田库奴》、第五十八则《赵州只这至道》等，皆拈提此语。

庭前柏树子

此则又作赵州柏树、赵州柏树子，乃赵州从谂禅师借庭前之柏树以示达摩西来之本意。据《联灯会要》卷六载：

时有僧问：“如何是祖师西来意？”

师云：“庭前柏树子。”

僧云：“和尚莫将境示人。”

师云：“我不将境示人。”

僧云：“如何是祖师西来意？”

州云：“庭前柏树子。”

此公案中，赵州以“庭前柏树子”教人会取眼前者即是佛法大意，而截断学人别觅佛法之思路，意谓超越人、境相对等分别见解，即可拈提达摩要旨之真风。

赵州洗钵

此则为赵州从谂禅师以“洗钵”之语，显示佛法之奥理无非是从日常之行履中去领受之公案。据《景德传灯录》卷十载：

僧问：“如何是佛？”

师云：“殿里底。”

僧云：“殿里者岂不是泥龛塑像？”

师云：“是。”

僧云：“如何是佛？”

师云：“殿里底。”

僧问：“学人迷昧，乞师指示。”

师云：“吃粥也未？”

僧云：“吃粥也。”

师云：“洗钵去。”

其僧忽然省悟。

钟鸣进法堂，梆响进斋堂，粥毕洗钵盂。只须于此等日常喝茶吃饭等无功用之动作中去领受佛法，此外无须特意去论究迷悟、凡圣之话。拈提平生奉行丛林清规之当处，即是眼前真实之佛法。

赵州勘婆

此则又称台山婆子，乃赵州从谂禅师以“勘破婆子”之语，显示随处作主之意。据《联灯会要》卷六载：

台山下有婆子，凡有僧问：“台山路向甚么处去？”便云：“蓦直去。”僧才行，婆云：“好个师僧又恁么去。”

每每如斯，僧举似师。师去：“待我与汝勘过。”

明日便去，亦如是问，婆亦如是答。师归谓众云：“婆子，我为汝勘破了也。”

盖僧向婆子问台山之路，婆子答以“蓦直去”，乃教诫彼求佛道不可左顾右盼。然僧执着于婆子之言词，并未了得游戏自在之妙意。故从谂禅师借“勘验婆子”一语，显示能杀所杀、权衡在手之禅机。

赵州救火

此为赵州从谂禅师勘验大众之公案。据《景德传灯录》卷十载：

师作火头，一日闭却门烧满屋烟，叫云：“救火！救火！”

时大众俱到，师云："道得即开门。"

众皆无对。南泉将锁匙于窗间过与师，师便开门。

赵州从谂尚未开法之前，依止于南泉普愿禅师之座下。某次，赵州任火头（负责点火、烧火之职）时，欲勘验大众，故意在厨房中关门烧火，而后大叫救火。待大众赶到，却要大众下语契中，始肯开门。直至南泉送锁匙进去，赵州才开门出来。盖赵州将厨房门暗喻为人心灵自性之门，将火暗喻为心中之烦恼；而南泉不以言语答话，仅将锁匙从窗间送进，即表示自性之门须由自己去开，而非他人所能帮助。反之，自己不知开门，欲冀求门外之人前来救火，则无异于向外觅佛。赵州早知其理，唯欲借此理勘验大众，无奈大众皆怔然无所对。

此外，《五灯会元》卷四、《葛藤集》卷上均载有另一则《赵州救火》之公案，其内容异于本公案，系赵州从谂与黄檗希运之机缘问答语句。

狗子佛性

此则又作赵州狗子、赵州佛性、赵州有无、赵州无字。"狗子有无佛性"自古为禅宗破除执着于有无之公案。此公案始自赵州从谂禅师，古来即为禅徒难以参破之问答，古德于此多下惨淡功夫。据《从容庵录》第十八则载：

僧问赵州："狗子还有佛性也无？"

州云："有。"

僧云："既有，为甚么却撞入这个皮袋？"

州云："为他知而故犯。"

又有僧问："狗子还有佛性也无？"

州曰："无。"

僧云："一切众生皆有佛性，狗子为什么却无？"

州云："为伊有业识在。"

此则公案中，赵州从谂借狗子之佛性打破学人对于有无之执着。而赵州所指之有无，非为物之有无，乃表超越存在的佛性之实态。

婆子偷笋

此为赵州从谂禅师与途中所遇婆子借偷笋之机缘问答而引发的一则公案。据《禅苑蒙求》卷上载：

赵州路逢一婆子，问曰："甚处去？"

婆云："偷赵州笋去。"

忽遇老僧，又"作么生。"

婆便与一掌。州休去。

此处系以"赵州之笋"为禅之真实义，借"老婆"表示万人万物皆平等，不拘于所有或非所有。

洛浦元安

洛浦元安（834—898），凤翔（今陕西凤翔）人，俗姓淡。二十岁于岐阳怀恩寺出家，曾问道于翠微、临济，后于夹山善会之会下得心要，住澧州（今属湖南）洛浦山（又称乐普山），更移苏溪，接化四众。其临终接化彦从上座之公案颇负盛名。世寿六十五。

洛浦投师

此则又作洛浦伏膺。据《景德传灯录》卷十六载：

> （师）至夹山礼拜，端身而立。夹山曰："鸡栖凤巢，非其同类。出去。"

洛浦元安参问夹山善会禅师，不能会得夹山之机语，唯叉手而立。夹山叱其无礼，谓其非真实学道者。洛浦悟自己

之非，遂谦虚问法而得法。此公案乃示若不尽礼仪，舍弃自家见解以参师问法，则非真正学道。

洛浦临终

此为洛浦元安禅师临终时，勘探彦从上座之境界之故事。据《景德传灯录》卷十六载：

至夜，令侍者唤彦从入方丈，曰：“阇梨今日只对老僧，甚有道理，据汝合体先师意旨。先师道：‘目前无法，意在目前；不是目前法，非耳目之所道。’且道，那句是主句？若择得出，分付钵袋子。”

曰：“彦从不会。”

师曰：“汝合会，且道！”

曰：“彦从实不知。”

师喝出，乃曰：“苦！苦！”

这是则有名的公案。玄觉禅师评曰：“且彦从上座实不会，是怕见钵袋子粘着伊。”这是很有见地的。

洛浦还乡

此公案为洛浦元安禅师以某僧所问还乡一事为因缘，彻

底批判拘泥于向上事之执着。据《五灯会元》卷六载：

问："学人拟归乡时如何？"

师曰："家破人亡，子归何处？"

曰："恁么则不归去也。"

师曰："庭前残雪日轮消，室内游尘遣谁扫。"

乃有偈曰：

决志归乡去，乘船渡五湖。
举篙星月隐，停棹日轮孤。
解缆离邪岸，张帆出正途。
到来家荡尽，免作屋中愚。

曹山本寂

本寂（840—901），泉州莆田（今福建莆田）人，俗姓黄。为禅宗曹洞宗之祖洞山良价之法嗣。世称曹山本寂。幼习儒业，十九岁入福州福唐县灵石山出家，二十五岁受具足戒。唐懿宗咸通年间禅风极盛，乃谒洞山良价禅师，往来请益，遂得密受宗门玄旨。后开堂于福州吉水，改名曹山，以表思慕曹山之情。

未久，迁住荷玉山（或谓师以该山改名为曹山），学徒云集，大振洞山宗风，所讲洞山五位之旨诀，成为丛林之标准，并注解《寒山诗》以飨学人。时有洪州钟氏，屡请不

赴，仅书写大梅法常之《山居颂》一首答之。唐昭宗天复元年（901）六月，焚香安坐而终，世寿六十二。敕谥“元证禅师”。其后，洞山、曹山之风益盛，门徒日众，遂称曹洞宗。著有《曹山语录》二卷。门人有曹山慧霞、金峰从志、鹿门处真、荷玉光慧、育王弘通等。

曹山孝满

在此则公案中，曹山本寂以居丧期满之状态，比喻悟道时身心所落之自在境界。据《从容庵录》第七十三则载：

> 僧问曹山：“灵衣不挂时如何?”
>
> 山云：“曹山今日孝满。”
>
> 僧云：“孝满后如何?”
>
> 山云：“曹山爱颠酒。”

上引灵衣即丧服，以丧期已满，除却丧服，比喻悟道之圆满，亦即迷悟俱脱时之真正自在境界。

曹山眉目不识

此则以眉、目关系之引喻，以问答方式说明佛法，提示参禅者应有之态度。据《曹山元证禅师语录》载：

僧问师："眉与目还相识也无？"

师曰："不相识。"

僧云："为甚么不相识？"

师曰："为同在一处。"

僧云："恁么则不分去也。"

师曰："眉目不是目，目且不是眉。"

僧云："如何是目？"

师曰："端的去。"

僧云："如何是眉？"

师曰："曹山却疑。"

僧云："和尚为甚么却疑？"

师云："若不疑即端的去也。"

此则公案之旨趣，首先确立"本来我"与"平常我"之关系，分别以目、眉为喻。目、眉同在一处，然为不同之物；引申之，即本来我非以推理而知，本来如此；平常我，为自我之意识，无意识时，则不知我在何处，故非实体，此即"疑"之意。

如井觑驴

井，指井户；驴，即辘轳，或谓驴马。据《曹山元证禅师语录》载：

师又问："佛真法身犹若虚空，应物现形，如水中月，作么生说应底道理？"

德曰："如驴觑井。"

师曰："道则太杀道，只道得八成！"

德曰："和尚又如何？"

师曰："如井觑驴。"

此公案中，曹山以"如井觑驴"一语，表示超越二物相对之状态，亦即以无心超越情识之分别。《从容录》第五十二则载有《曹山法身》之公案，与本则公案相同。"佛真法身"等句，出于《金光明经》卷二十四《天王品》，法身如虚空，遍满一切处，应观自在，如月影映现于水中。今曹山本寂禅师举此经文，问德尚座应现自在之道理，而指摘其见处未达十成。故曹山以如井觑驴喻说佛真法身非情识理智所及，无我无心方能见得真法身之妙用。故宏智正觉评颂曰：

驴觑井，井觑驴，智容无外，静涵有余。肘后谁分印？家中不畜书。机丝不挂梭头事，文彩纵横意自殊。

大光居诲

大光居诲（836—903），京兆（河南洛阳）人。初造石霜庆诸之室，忘身为法，卒得密印。平居恒长坐不卧，麻衣草履，盘桓二十余年。众请出世，住潭州大光山，学众亲依，淘炼严谨，为世所重。唐昭宗天复三年（903）三月示寂，世寿六十七。

大光作舞

此则又作大光这野狐精，乃大光居诲与一僧之问答公案。据《碧岩录》第九十三则载：

僧问大光："长庆道：'因斋庆赞，意旨如何？'"

大光作舞，僧礼拜。

光云："见个什么，便礼拜？"

僧作舞。

光云："这野狐精。"

此则公案乃承自《碧岩录》第七十四则《金牛饭桶》。金牛和尚每至正午时，自将饭桶于僧堂前作舞。后有一僧以之叩问长庆，长庆赞叹金牛之所为。一僧举此公案向大光问长庆之意旨，大光与金牛同样作舞，僧则礼拜之；大光呵责其礼拜，僧亦仿其作舞。如是，则禅旨之领悟与禅徒相互以机锋勘验之切磋，易陷于缺乏实悟之泥沼，而仅落于模仿之葛藤，故大光以"这野狐精"呵斥之。

雪峰义存

义存（822—908），福建泉州南安人，俗姓曾，号雪峰。九岁请出家未准，十二岁从父游蒲田玉润寺，拜庆贤律师为师，留为童侍。十七岁落发，谒芙蓉山恒照大师。唐宣宗中兴佛教后，历游吴、楚、梁、宋、燕、秦，于幽州宝刹寺受具足戒。后至武陵（今属湖南常德）德山寺参谒宣鉴，承其法系。唐懿宗咸通六年（865）归芙蓉山，十一年（870）登福州象骨山，立庵兴法。其山为闽越胜景，未冬先雪，盛夏尚寒，故有雪峰之称，义存亦以此为号。寺初成，缁素云集，众每逾千五百人。唐僖宗赐号“真

觉大师”，并紫袈裟一袭。唐昭宗大顺中，游丹丘、四明之地，并宣法于军旅之中。后还闽，备受闽王礼遇。后梁太祖开平二年（908）五月入寂，世寿八十七。其法嗣以云门文偃为最著，乃云门宗之祖。

庵主溪深杓柄长

此为一庵主与雪峰义存禅师借勺柄而显喻佛法甚深之公案。据《雪峰语录》卷下载：

有一僧在山畔卓庵多年不剃头，只作一柄木杓去溪边舀水吃。

时有僧问：“如何是祖师西来意？”

主云：“溪深杓柄长。”

僧归，举似师。师云：“也甚奇怪。”

师一日同侍者去访佗，乃将剃刀去。才相见，便问：“道得即不剃汝头。”

主便将水洗头，师便与佗剃却。

此则公案中，庵主所言“溪深勺柄长”，系借溪水之深、勺柄之长来表示佛法之深奥以及自身体会之深入。雪峰疑其境界是否如其所言，遂加以验证。

鼓山圣箭

此则为雪峰义存对于弟子鼓山神晏之能力表示赞许与信任之公案。据《禅苑蒙求》卷下载：

鼓山赴大王请，雪峰门送，回至法堂，乃曰："一只圣箭直射九重城里去也。"

太原孚曰："是伊未在。"

峰曰："渠是彻底人。"

孚曰："若不信，待某甲去勘过。"遂趁至中路，便问："师兄向甚么处去？"

山曰："九重城里去。"

孚曰："忽遇三军围绕时如何？"

山曰："他家自有通霄路。"

孚曰："恁么则离宫失殿去也？"

山曰："何处不称尊。"

孚拂袖便回。峰问："如何？"

孚曰："好只圣箭，中路折却了也。"遂举前话。

峰乃曰："好渠语在。"

孚曰："这老冻脓犹有乡情在。"

离宫失殿而无碍于处处称尊，则鼓山悟境之如如不动亦可想而知。孚上座闻罢此语，唯拂袖而归。由是开显先前雪

峰对鼓山认可之程度，不仅彻底信任鼓山之能力，亦能预知鼓山无论至何处皆能充分发挥其见地。

孚上座

孚公，唐末五代雪峰义存之法嗣，世称太原孚上座。生平事迹不详。

孚公摇头

此则为雪峰勘验孚上座悟境之公案。据《五灯会元》卷七载：

峰一日见师，乃指日示之。师摇手而出。

峰曰："汝不肯我那？"

师曰："和尚摇头，某甲摆尾，甚么处是不肯？"

峰曰："到处也须讳却。"

据《景德传灯录》卷十九、《联灯会要》卷二十四等载，孚上座未入雪峰义存禅师之门时，曾于扬州光孝寺开讲《涅

槃经》，因一禅僧之问话而顿然彻悟。后投雪峰座下，并嗣其法。此则公案中，雪峰欲勘验孚上座之悟境，然从孚上座自然反应之语默动静，以及复以“和尚摇头，某甲摆尾”为机锋应答，充分显示出孚上座不仅彻悟，且未曾执着于其悟境，纯然一派、自由自在之禅者天地。

白兆志圆

志圆，生卒年不详，宋代禅僧。洪州（今江西南昌）感潭资国禅师之法嗣。住安州白兆山竺乾院，故又称白兆志圆。其门下弟子甚多，示寂后谥号“显教大师”。志圆与报恩玄则《丙丁童子求火》之问答，为禅林著名之公案。另《联灯会要》一书谓志圆为雪峰文存之法嗣。

丙丁童子求火

本则公案乃白兆志圆与报恩玄则之问答。出自《景德传灯录》卷二十五与《碧岩录》第七则。丙丁童子，原事司灯火之童子。丙丁，即天干中之“丙丁”，与五行相配则属火，故丙丁喻火。禅林中每以“丙丁童子求火”一语，譬喻众生本具佛性，复向外求佛。《景德传灯录》卷十七载：

玄则问："如何是佛？"

师曰："丙了童子来求火。"

盖自身即是火，更向外求火，自属忘失本性、多此一举之愚昧行为。

古德烂杏

古德，指宋代洪州白兆山之志圆禅师。据《禅苑蒙求》卷中载：

僧问白兆和尚："如何是万行？"

兆云："今年桃核也无，说什么烂杏？"

志圆不就对方所问作答，而答以"桃核烂杏"云云，乍看起来似风马牛不相及，或有顾左右而言他之嫌；然其本意，乃针对"万行"之抽象化观念，引导学人于无用而空玄之分别思量境地说起。而真正所谓之"万行"，实则应着重于眼前当下万事万物之境况。若能领受"足履处即是佛法"，即可了知何谓万行而直下承当。

玄沙师备

师备（835—908），福州闽县（今属福建）人，俗姓谢。幼憨黠，好垂钓，常泛舟自娱。唐懿宗咸通初年，年届三十，始脱尘志，投芙蓉山灵训禅师落发。受具足戒后，行头陀法，终日宴坐，人称“备头陀”。与法兄雪峰义存亲近若师徒。偶阅《楞严经》，发明心地，诸方请益者如水归海。初住梅溪普应院，不久迁玄沙山，应机接物凡三十余载，学侣八百余人。时有闽帅王审知，事以师礼，曲尽殷勤，并奏请赐紫，号“宗一大师”。后梁太祖开平二年（908）示寂，世寿七十四。

玄沙三种病

此则公案又作玄沙三种病人、玄沙三病、玄沙接物利生，为玄沙师备禅师借如何接化盲、聋、哑三种病人之问题所拈提之机缘语句。据《碧岩录》第八十八则载：

玄沙示众云："诸方老宿，尽道接物利生，忽遇三种病人来，怎么生接？患盲者，拈锤竖拂，他又不见；患聋者，语言三昧，他又不闻；患哑者，教伊说，又说不得。且作么生接？若接此人不得，佛法无灵验。"

僧请益云门，云门云："汝礼拜着！"

僧礼拜起，云门以拄杖挃，僧退后。门云："汝不是患盲。"

复唤近前来。僧近前，门云："汝不是患聋。"门乃云："还会么？"

僧云："不会。"

门云："汝不是患哑。"

僧于此有省。

此则公案之前半，玄沙以盲、聋、哑三种人喻指昧于真见、真闻、真语之人，而非指肉体上之盲、聋、哑者。盖诸佛出世之一大事因缘，旨在教化被无明所障而迷失本真之凡夫，故玄沙云："若接此人不得，佛法无灵验。"公案之后

半，某僧以玄沙之语请示云门文偃禅师，云门乃以直接动作作答，丝毫不予其僧以分别思量之机会，当下了然自己原即不盲、不聋、不哑，直如迷妄凡夫原皆本具真如佛性，唯于见闻觉知妄起分别，久之自然与诸法实相天渊悬隔，一如有目者盲、有耳者聋、有口者哑。是以此则公案之关键乃在超越见闻觉知之分别妄想，而契入不可思议、不可言说的实相无相之境界。故透过云门文偃禅师之灵活机法，其僧即顿然省悟。故雪窦重显颂云：

盲聋喑哑，杳绝机宜。天上天下，堪笑堪悲。离娄不辨正色，师旷岂识玄丝？争如独坐虚窗下，花落花开自有时。

上引离娄乃黄帝时之著名目明者，能于百步之外明察秋毫之末；师旷乃春秋时代之著名乐师，能辨音以知吉凶。若囿于分别情识，沦失天然本真，则纵然有目如离娄，耳聪如师旷，亦无法平心看待寻常之形色音声。

玄沙到县

此则公案为玄沙师备禅师到莆田县，与小塘长老就“动静不一不二”之玄境所作之机缘问答。据《景德传灯录》卷十八载：

师南游莆田县，排百戏迎接。来日，师问小塘长

老："昨日许多喧闹，向什么去处也？"

小塘提起衲衣角。师曰："料掉勿交涉。"

二师之机锋相当，灵通妙会，充分表现出禅门师家参究玄境时之颖解妙悟与临机应物之契当捷敏。

"昨日许多喧闹"为现象之表征，属于"动"；"向什么去处"一语所探者，则为生灭相随、千古一如之本质，属于"静"。然此一动一静又内涵不一不二之奥旨，自非寻常思辨所可了达，更非一般言语所可诠表，故玄沙借百戏之热闹询问动静之理，已是妙问。小塘长老默然不语，仅提衣角作答，更是妙答。故《从容庵录》第八十一则《玄沙到县》评说：

夜壑藏舟，澄源着棹。龙鱼未知水为命，折筯不妨聊一搅。玄沙师，小塘老，函盖箭锋，探竿影草。潜缩也老龟巢莲，游戏也华鳞弄藻。

玄沙闻燕子声

此则公案为玄沙师备禅师因听闻燕子之鸣声而拈提之机缘语句。据《五灯会元》卷七载：

师因参次，闻燕子声，乃曰："深谈实相，善说法要。"便下座。

时有僧请益曰："某甲不会。"

师曰：“去！谁信汝?”

此则公案中，玄沙闻燕子之声，乃随机告示门人，此声乃诸法实相善巧说法之显现。然于现实世界中，此种诸法实相之大说法，却往往无人能知晓，故僧言“不会”。玄沙遂道“去”，其意概谓诸法实相之大说法与人领会与否无关，而是在于亲身之修行体悟。故该僧纵然不能领会，然仍须自行解决自家之生死大事，此则与诸法实相无关，故玄沙斥退之。

该僧既不能了知人自身与诸法实相当体之关系，亦未能领悟玄沙师备以“燕子声”为诸法实相善说法要之表征。直如迷妄凡夫，以分别情想而径自判定燕子声即燕子声，诸法实相即诸法实相，彼此两不干涉，故率然答以“不会”。然玄沙则认为，若自诸法实相单纯、直接、自然法尔之意义而言，无论何人皆能领会其真实意义，一如燕子声实乃诸法实相所显现的真如法性。故言“谁信汝”，表示不信彼僧不能体会此一单纯而自然之法性。

禾山无殷

无殷（890—960），福州（今属福建）人，俗姓吴。七岁从雪峰义存剃染入道。受具足戒后，游参诸方。谒九峰虔得悟，嗣其法绪。住吉州禾山大智院。南唐中主召入礼敬，命住翠岩院，寻敕兼主上蓝。宋太祖建隆元年（960）示寂，世寿七十。世称禾山无殷。

禾山打鼓

此则又作禾山四打鼓、禾山解打鼓、解打鼓，乃禾山无殷禅师对学人之四次参问，均答以“解打鼓”之公案。据《碧岩录》第四十四则载：

> 禾山垂语云：“习学谓之闻，绝学谓之邻；过此二者，是为真过。”

僧出问："如何是真过？"

山云："解打鼓。"

又问："如何是真谛？"

山云："解打鼓。"

又问："即心即佛即不问，如何是非心非佛？"

山云："解打鼓。"

又问："向上人来时，如何接？"

山云："解打鼓。"

"解打鼓"，即响在后面之意，亦即寓玄旨于言外之意。此则公案开示，真正之解脱，唯在于领会此一包含所有事实而始终同一之"解打鼓"。真正体会诸佛悟境之人，视无味之言语，无关于慧解。若能于此理会，则当下犹如桶底脱落，热情尽除而蓦然开悟。故雪窦重显颂之曰：

一拽石，二般土，发机须是千钧弩。象骨老师曾辊球，争似禾山解打鼓？报君知，莫莽卤，甜者甜兮苦者苦。

投子大同

大同（819—914），安徽怀宁人，俗姓刘。唐代禅僧。幼年出家，初阅《华严经》，颇受启发。其后参谒翠微，大悟玄旨。周游诸方后，隐栖于投子山三十余年，激发往来请益者盈室，以无畏之辩才随问随答。后梁太祖乾化四年（914）微疾，随即坐化，世寿九十六。谥号“慈济大师”。

投子一切佛声

此则又作投子一切声、投子佛声、粗言细语，乃投子大同禅师借一切佛声之问，打破文字执着之一切计较分别。据《碧岩录》第七十九则载：

> 僧问投子：“一切声是佛声，是否？”
>
> 投子云：“是。”

僧云："和尚莫屎沸，碗鸣声！"

投子便打。

又问："粗言及细语皆归第一义，是否？"

投子云："是。"

僧云："唤和尚作一头驴得么？"

投子便打。

盖僧举出"一切声是佛声"及南本《大般涅槃经》卷十八《梵行品》所载"粗言及细语皆归第一义"二句，问其义之对错，投子均予以肯定之答复，拈提"即文字之平等一昧之禅"之旨。但僧执着文字，乃以屎沸、碗鸣声亦是佛声，以"唤和尚作一头驴"亦归第一义来反问投子。投子为使僧放下偏执，遂予一打。

投子牛在

此为投子大同禅师与一婆子之机缘问答。据《禅苑蒙求》卷中载：

舒州投子山大同禅师，因一婆上山云："家中失却牛，请师一卜。"

师召婆，婆应诺。师云："牛在。"

婆乃欢喜而去。

此则公案旨在提示人人本具之面目非外求所可得者。公

案中之“牛”即喻指本来之面目、众生本具之佛性。婆子“失却牛”，请投子占卜；投子则借“牛在”点醒婆子，概谓本来之面目何曾走失，佛性即存于人自心之“牛”，故无须再往外去觅寻问求。

投子十身调御

此为投子大同禅师与一僧论及佛身之机缘问答。据《联灯会要》卷二十一载：

僧问：“如何是十身调御？”

师下绳床立。

又问：“凡圣相去多少？”

师亦下绳床立。

上引之中，“十身调御”，即指佛身；“绳床”，即指禅床。于公案中，僧问投子何谓佛身，投子下禅床叉手而立。僧以为叉手而立所显现者应属凡夫之境地，如此则不知凡与圣（佛身）究竟有何差距，遂又问以“凡圣相去多少”。然投子仍是下禅床叉手而立，既不多言其他，所答之方式与前一问题亦无二致。盖投子之意，乃在显示凡圣之究竟等同一致，若谓凡圣应有距离、殊异，而生起种种分别思量之心，则徒增透脱了达之障碍，故知悟道之关键实在于自己之一心而已。

仰山慧寂

仰山慧寂（840—916），广东番禺人，俗姓叶。唐代禅僧。九岁往依和安寺通禅师。十七岁自断二指，立誓落发。参谒耽源应真，了悟玄旨。未久，入沩山灵祐之室，受其印可。后更往江陵受戒，深研律藏。又参礼岩头全奯。未几，复还沩山，执侍灵祐凡十五年，互相激扬宗门。唐僖宗时迁大仰山，大振沩山法道，是为沩仰宗，有“仰山小释迦”之号。后住江西观音院，再迁韶州东平山。五代后梁末帝贞明二年（916）示寂，世寿七十七。遗偈：“年满七十七，老去日今日。任性自沉浮，两手攀屈膝。”翌年追谥“智通禅师”。

仰山不会游山

此为仰山慧寂（840—916）禅师接化学人之公案。据

《碧岩录》第三十四载：

仰山问僧："近离甚处？"

僧云："庐山。"

山云："曾游五老峰么？"

僧云："不曾到。"

山云："阇黎不曾游山。"

云门云："此语皆为慈悲之故，有落草之谈。"

"落草谈"指以老婆心接化学人时所说之话语，多半为堕于第二义的不究竟之教说。到庐山而不游庐山之名胜五老峰，则不能说真正游过庐山。故知其僧实为一无眼之行脚僧，禅宗师家每遇此类无眼汉，若非静默不语，则非喝即棒，然仰山犹以"阇梨不曾游山"一语耐心指点之，故云门文偃禅师批评仰山：真正作了亲切的婆婆谈义，若遇临济、德山，则可能吃棒喝。

另外，所谓五老峰，虽为庐山名胜，然于此则公案中，乃以游山一事寓禅旨之大事于其内，使学人得见真正游戏三昧之境地，此亦为本则公案之要点。

仰山出井

此为仰山慧寂禅师彻悟过程中的一则公案。沩山等大德皆举此则公案请示之，然皆不能了悟。最后仰山将此则公案

置之脑后，不再烦恼井中人出不出之问题，始觉身心解脱，而悟得禅之究竟。据《景德传灯录》卷九载：

僧问："如何是西来意？"

师曰："若人在千尺井中，不假寸绳，出得此人，即答汝西来意。"

僧曰："近日湖南畅和尚出世，亦为人东语西话。"

师唤沙弥（即仰山），拽出死尸着。

沙弥后举问耽源："如何出得井中人？"

耽源曰："咄！痴汉！谁在井中？"

后问沩山："如何出得井中人？"

沩山乃呼慧寂，寂应诺。

沩山曰："出也。"

及住，仰山尝举前语谓众曰："我耽源处得名，沩山处得地。"

不借绳索而欲救出井中之人，若以世间常识衡量，自属不可能之事。故当仰山一心一意思索此问题而不得其解时，犹如自囿心神、自陷井中而苦不得出。一旦将性空禅师之语置之不顾，则自然身心透彻，直如不借绳索而自出深井。

仰山四藤条

此为仰山慧寂禅师接引霍山景通禅师之公案。景通初至

仰山会下参谒时，仰山不示以任何机法，径自闭目而坐。景通亦未叩问以任何法要，即叠声道“如是如是”，而自以为洞彻仰山之意，遂遭仰山以藤条四度击打。盖仰山之意，概谓当体所显现之任何状态皆为日用所作，而不应一意执着之，故四度击打景通，以勘验其是否真正彻悟。据《景德传灯录》卷十二载：

(霍山景通)初参仰山，仰山闭目坐。

师曰：“如是如是，西天二十八祖亦如是，中华六祖亦如是，和尚亦如是，景通亦如是。”

语讫，向右边翘一足而立。仰山起来打四藤杖，师因此自称“集云峰下四藤条天下大禅佛”。

仰山指雪

此为仰山慧寂禅师借雪狮子之色，显示法性无相之公案。仰山以雪狮子之纯白清净，比喻己心之清净法身。据《从容庵录》第二十六则载：

仰山指雪师子云：“还有过得此色者么?”

云门云：“当时便与推倒。”

雪窦云：“只解推倒，不解扶起。”

宏智正觉颂曰：

一倒一起，雪庭师子。慎于犯而怀仁，勇于为而见

义。清光照眼似迷家，明白转身还堕位。衲僧家，了无寄。同死同生，何此何彼？暖信破梅兮，春到寒枝；凉飙脱叶兮，秋澄潦水。

其后，云门文偃禅师评为“当时便与推倒”，雪窦重显则评云门为“只解推倒，不解扶起”。除上举之外，历来禅林师家拈评此则公案者颇多。

仰山问三圣

此为仰山慧寂禅师与三圣院慧然禅师以“名字”而互显机法之公案。仰山之名为“慧（惠）寂”，三圣之名为“慧（惠）然”。一日仰山问三圣之名，三圣以问者之名答之，二人乃就此来往酬答，针锋相对，显示出人境俱夺与俱不夺之非凡禅机。据《碧岩录》第六十八则、《景德传灯录》卷十二等载：

仰山问三圣：“汝名什么？”

圣云：“慧寂。”

仰山云：“慧寂是我。”

圣云：“我名慧然。”

仰山呵呵大笑。

此公案一则显示人境自他俱夺之不可得，再则亦显示自他历然分明之禅机。盖“名”为一种暂时假立之称呼，然其

本体原本无名，故三圣答称己为“慧寂”，以显示其已达人境俱夺、你我不分之境地。然无名之义，乃在破除一切假立之名而显现本体之真实，并非任意妄用之称呼，故仰山对曰“慧寂是我”，三圣乃云“我名慧然”，于此，则人境、自他俱不夺而历然分明。

仰山枕子

此则又作仰山推出枕子，乃仰山慧寂与一僧问答法身（真实）真义之公案，由二人问答之中，显示出真实之自体。据《景德传灯录》卷十一载：

僧问：“法身还解说法也无？”

师曰：“我说不得，别有一人说得。”

曰：“说得底人在什么处？”

师推出枕子。

沩山闻云：“寂子用剑刃上事。”

所谓真实（法身），仅能由其自体表现之，而非由言语诠释所可显示者。故仰山对僧之质问，乃答以“我说不得”，并以日常生活所用之枕头示之，显示法身遍于世界，无所不及，万物皆各有自性，俯拾即是。故沩山评仰山为“用剑刃上事”，乃不落言诠、直示真义之意。

仰山插锹

此为沩仰宗之祖沩山灵祐禅师与仰山慧寂于语默动静中，显示佛道真义之公案。沩山为仰山之师。仰山于行脚时，一日前往参访沩山。沩山问仰山来自何处，仰山不以言诠强作说明，仅以插锹、举锹显示佛道。然其于插锹举锹、一语一默、一动一静之间所显现之机法，可谓放去收来皆迅速自在，无所滞碍。《从容庵录》第十五则、《景德传灯录》卷十一等记载了这则公案：

沩山问仰山："甚处来？"

仰云："田中来。"

山云："田中多少人？"

仰插下锹子，叉手而立。

山云："南山大有人刈茅。"

仰拈锹子便行。

仰山随分

此为仰山慧寂禅师随分道破无限万机之文字，超越文字、形象，而处处显现真理本相之公案。据《从容庵录》第

七十七则载：

僧问仰山："和尚还识字否？"

山云："随分。"

僧乃右旋一匝，云："是甚么字？"

山于地上书个"十"字。

僧左旋一匝，云："是甚么字？"

山改"十"字作"卍"字。

僧画一圆相，以两手托，如修罗掌日月势，云："是甚么字？"

山乃画圆相，围却"卍"字。

僧乃作楼至势。

山云："如是，如是，汝善护持。"

宏智正觉颂曰：

道环之虚靡盈，空印之字未形。妙运天轮地轴，密罗武纬文经。放开捏聚，独立周行。机发玄枢兮，青天激电；眼含紫光兮，白日见星。

盖无相三昧，其形如满月，亦即佛性乃廓然虚明，包含不可思议之大妙用，故以圆形表示远离文字之境地。此论始于南阳慧忠禅师，沩山用之，仰山传之，遂成沩仰一家之宗风。

仰山谨白

仰山慧寂曾于梦中往兜率净土弥勒之处，坐于第二座。据《从容录》第九十则载：

仰山梦往弥勒所，居第二座。

尊者白云："今日当第二座说法。"

山乃起白椎云："摩诃衍法，离四句，绝百非，谨白！"

摩诃衍（梵文为 mahāyāna）法，大乘法之意。四句，指四种基于判断或论议之立场所设立之假名概念。百非，指百种之否定。盖所谓大乘说法，绝非四句或百非等假名概念所能言说之道理，而须超越各种迷执邪见，达于言亡虑绝之境地。故仰山以"离四句，绝百非"为大乘法之真义，乃直示日常行持即是佛作佛行之活泼示现。

寂子扑镜

寂子，即仰山慧寂禅师。此则公案系慧寂当众打破其师沩山灵祐禅师送来之镜子，借以显示破除执着两端各有偏之见解，而呈现自由自在境界之教示。据《禅苑蒙求》卷

中载：

仰山因沩山送一面镜来。接得，上堂云："且道是沩山镜，仰山镜？若道是沩山，又在仰山手里；若道是仰山底，又是沩山送来。道得即不打破，道不得即打破。"

三问，众无对，遂扑破。

寂子担禾

此为仰山慧寂从田地担稻归来，沩山借稻之熟、未熟以测知仰山之得处之公案。据《景德传灯录》卷九载：

师问仰山："从何处归？"

仰山云："田中归。"

师云："禾好刈也未？"

仰山云："好刈也。"

师云："作青见，作黄见，作不青不黄见？"

仰山云："和尚背后是什么？"

师云："子还见么？"

仰山拈起禾穗，云："和尚何曾问遮个？"

师云："此是鹅王择乳。"

鹅王择乳，谓鹅王对于水乳之混合物能择乳而饮，用以比喻能辨别真伪。此处显示了超越熟、未熟之真实佛法。

三座说法

三座，指第三座。据《无门关》载：

仰山和尚梦见往弥勒所安第三座。有一尊者白槌云："今日当第三座说法。"山乃起，白槌云："摩诃衍法，离四句，绝百非。谛听！谛听！"

此则公案中，仰山以"离四句，绝百非"拂出众生之迷执，俾使尊者悟入无相不可得之理，为一种遮绝妄相以表显真义之遮诠方式。

龙牙居遁

龙牙（835—923），抚州南城（今属江西）人，俗姓郭。十四岁于吉州满田寺出家，复于嵩山受戒，后游历诸方。初参翠微无学与临济义玄，复谒德山，后礼谒洞山良价，并嗣其法。其后受湖南马氏之礼请，住龙牙山妙济禅苑，号“证空大师”，世称龙牙居遁。五代后梁末帝龙德三年（923）示寂，世寿八十九。

龙牙西来意

此则又作龙牙过板，乃龙牙禅师向翠微无学与临济义玄请问“西来意”因缘之公案。据《碧岩录》第二十则载：

> 龙牙问翠微：“如何是祖师西来意？”
>
> 微云：“与我过禅板来。”

牙过禅板与翠微，微接得便打。

牙云："打即任打，要且无祖师西来意。"

牙又问临济："如何是祖师西来意?"

济云："与我过蒲团来。"

牙取蒲团过与临济，济接得便打。

牙云："打即任打，要且无祖师西来意。"

翠微、临济之打，乃谓祖师西来意乃佛法嫡传之大意，为大落言诠之绝对真实，须待亲证方得。龙牙任打而云"无祖师西来意"，表明祖师西来意固不可问，然亦不在翠微与临济一打之中，乃举扬自家安心立命之心态。

九峰道虔

九峰道虔（？—923），福州（今属福建）人，俗姓刘。宿好禅度，遍谒耆宿。后参石霜庆诸领旨，留充侍者，亲依数。庆诸将寂，密以衣拂授之，嗣为青原五世裔。丈席既虚，无敢继践者。经众坚请，始乃屈就。后迁往九峰，世称九峰虔。晚住石门，徒众益盛，又为泐潭第一代。

九峰头尾

此为道虔祖师借与一僧论头尾之事相，以示道人得真实境界之因缘。据《从容庵录》第六十六则载：

僧问九峰："如何是头？"

峰云："开眼不觉晓。"

僧云："如何是尾？"

峰云："不坐万年床。"

僧云："有头无尾时如何?"

峰云："终是不贵。"

僧云："有尾无头时如何?"

峰云："虽饱无力。"

僧云："直得头尾相称时如何?"

峰云："儿孙得力，室内不知。"

头者，见证一切诸法毕竟空寂之意；尾者，更出世间森罗万象，而显现自在之妙用。若有头无尾，则不为贵；有尾无头，则无力；头尾相称，始得完具义。宏智于此有颂云："规圆矩方，用行舍藏。钝踬栖芦之鸟，进退触藩之羊。吃人家饭，卧自家床。云腾致雨，露结为霜。玉线相投透针鼻，锦丝不断吐梭肠。石女机停兮夜色向午，本人路转兮月影移央。"

地藏桂琛

桂琛（867－928），常山（今属浙江）人，俗姓李。乃青原行思法系下之第七世。素有出尘之志，依万岁寺无相大师剃发受戒，专学毗尼。然以持戒束身非解脱之道，乃转志游方，参访南宗诸师。先谒雪峰义存，参讯禅要，惜无所见。至福州玄沙师备座下，得一言启发，廓尔脱落众惑。时漳州牧王公于闽城西方石山建地藏院，请师演法，驻锡十八年，学徒集者二百余人。师不轻易示法，然于密学恳请者则开演之。后住漳州罗汉院，大阐玄要，南北参徒臻凑，契机开悟者不知其数，世人尊以“罗汉桂琛”之

号。唐明宗天成三年（928）秋，至闽州之旧址，遍游近城之梵宇。已而示寂，安坐数日告终，世寿六十二，僧腊四十。谥号“真应禅师”。弟子有清凉天益、清溪共进、清凉休复、龙济绍修、延庆傅殷、南台守安、天禅院秀等。

地藏种田

地藏，指地藏院桂琛禅师。在此则公案中，桂琛以种田吃饭答其法嗣修山主（龙济绍修），以显佛法存在于平常之行止中。据《从容庵录》第十二则载：

地藏问修山主：“甚处来？”

修云：“南方来。”

藏云：“南方近日佛法如何？”

修云：“商量浩浩地。”

藏云：“争如我这里种田博饭吃！”

修云：“争奈三界何？”

藏云：“尔唤甚么作三界？”

盖南方人对佛法唯事商量（审察思量），故桂琛禅师斥责才子笔耕、辩士舌耕，而开示真实佛法无有凡圣迷悟之论量，唯存于种田吃饭等平常心中，并以不执着三界之境，为真正之身心脱落。故天童正觉颂曰：

宗说般般尽强为，流传耳口便支离。

种田博饭家常事，不是饱参人不知。
参饱明知无所求，于房终不贵封侯。
忘机归去同鱼鸟，濯足沧浪烟木秋。

云门文偃

云门文偃（864－949），浙江嘉兴人，俗姓张。云门宗之祖。幼怀出尘之志，从嘉兴空王寺志澄出家。未久，至毗陵坛受具足戒。遍览诸经，深究《四分律》。后至睦州，参学于道明门下。经数载，尽得其道。又谒雪峰义存，依住三年，受其宗印。后历叩诸方，参究玄要，声名渐著。后梁太祖乾化元年（911），至曹溪礼六祖塔，后投灵树如敏会下，如敏推为首座。后梁末帝贞明四年（918）如敏示寂，师嗣其法席，主持灵树寺。后唐庄宗同光元年（923），于云门山创建光泰禅院，道风愈显，海众云集，法化四播。后汉隐帝乾祐元年

(948)，南汉王刘龚敕赐“匡真禅师”。乾祐二年（949）四月十日上表辞，垂诫徒众，端坐示寂，世寿八十六，僧腊六十六。北宋太祖乾德四年（966），追谥“大慈云匡真弘明禅师”。师之机锋险峻，门风殊绝，世称云门文偃。嗣法者有实性、圆明、明教、道谦、智寂、义韶等八十八人。有《语录》三卷行世。

云门一曲

此则公案喻指云门宗风之艰深玄奥，非寻常人所能理解。“云门曲”原为古乐曲之名，曲调艰深，歌者难咏唱，闻者亦难以领受。禅林中遂以“云门曲”之艰深、难以歌咏，而评之为“云门天子”，并用以转指云门宗风。云门文偃之宗风向以难以理解著称，故借“云门曲”之名以喻之。据《云门广录》卷上载：

问：“如何是云门一曲？”

师云：“腊月二十五。”

进云：“唱者如何？”

师云：“且缓缓。”

三字禅与一字关

又称云门三字禅，指云门文偃禅师接引学人时，常以“顾、鉴、咦”三字说破禅旨。顾，谓自我反省；鉴，谓自我鉴戒；咦，谓言诠不及、意路不到而领略到玄旨，亦指超绝一切，于孤峰顶上宴坐自适之境界。盖云门师承睦州道明、雪峰义存，睦州之宗风以峭峻著称，雪峰之宗风以温密驰名。云门深得此二师宗风之妙用，而以机锋险绝独步禅林。其所说之法语与接化学人之问答，语句简洁，犹如电光石火，如云门一字关、二字禅、三字禅皆为脍炙人口之公案。其一字关，据《云门广录》卷上载：

问：“如何是禅?”

师云：“是。”

进云：“如何是道?”

师云：“得。”

从“云门一字关”可以了知文偃禅师接引学人时，回答干脆利落，截断纠缠，逼使学人无机可转，无路可通，在窒碍壅塞之中另辟蹊径，有可能开启省悟之门。

云门一宝

此则又作云门中有一宝、云门秘在形山，系云门文偃禅师向大众垂示人之心性即为自身既有之一宝之公案。《碧岩录》第六十二则载：

云门示众云："乾坤之内，宇宙之间，中有一宝，秘在形山。拈灯笼向佛殿里，将三门来灯笼上。"

上引"形山"指肉身，又指秘藏于肉身中的人的心性。盖秘藏于全宇宙中之一宝，既非乾坤及宇宙，灯笼及佛殿三门，亦非其余任何之物，而系人之心性。

云门三日

此则公案系云门文偃禅师对学人"自我创造"之垂示。《云门匡真禅师广录》卷中载：

一日云："三日不相见，不得作旧时看，作么生？"

代云："千！"

盖原为痴者，却于三日之间脱胎换骨，令人刮目相看。云门借此示导学人，须时时刻刻创造新自我。

云门三句

此为文偃禅师用以接化学人之三种语句，即：函盖乾坤、目机铢两、不涉万缘。据《五家宗旨纂要》卷下载：

云门示众云：“函盖乾坤，目机铢两，不涉万缘，作么生承当?”

自代云：“一镞破三关。”

“函盖乾坤”指绝对真理充满天地之间，且涵盖整个宇宙；“目机铢两”为断除学人之烦恼妄想，谓应超越语言文字，于内心顿悟；“不涉万缘”系对参学者应机说法，为活泼无碍之化导。此三句若依《大乘起结论》之哲理诠释之，则第一句为“一心门”，第二句为“真如门”，第三句为“生灭门”。后云门之法嗣德山缘密取云门三句之观念，而改其语句为：函盖乾坤、截断众流、随波逐浪，称为“德山三句”，广为云门宗所用，称之为云门剑、吹毛剑。德山缘密尝以三句示众，据《五灯会元》卷十五载：“若辨得出，有参学分；若辨不出，长安路上辊辊地。”意谓掌握其含意，即可求得解脱。

此则公案，若就现代哲学之思辨方式而言，云门三句表现出辩证之三方面：（1）就普遍性言，绝对真理无所不在，涵盖宇宙全体。（2）就超越性言，绝对真理截断众流，超越

宇宙，非我等所能触及、穷尽者。(3) 就作用言，绝对真理须顺机接引，随波逐流。禅学各宗所共有之特点即在于此种永无止境之精神追求。

云门六不收

此则公案系文偃禅师就“法身”一义，与某僧所作之机缘语。据《碧岩录》第四十七则载：

僧问云门：“如何是法身？”

门云：“六不收。”

上引之“六”指六根、六境、六大、六合等佛教用以概括诸法实相之基本法数（名相）；“收”，收摄包含之义。盖法身为真如法性之理体，广如太虚，纵极三际，横涉十方，乃一绝对之本体，故非六根等之相对世界所能包含者。云门所答之“六不收”，既充分显露出法身之鲜活，亦以之示导学人，若欲直下承当生死迷悟之津梁，究尽“六不收”之端的本源，唯有自己开拓不可思量、不可言说之境地。

云门沙门行

此则公案又作曹山吃常住苗，乃云门文偃与曹山本寂就

“沙门行”问题所作之机缘语句。据《云门广录》卷下载：

师问曹山：“如何是沙门行？”

山云：“吃常住苗稼者。”

师云：“便与么去时如何？”

山云：“你还畜得么？”

师云：“学人畜得。”

山云：“你作么生畜？”

师云：“着衣吃饭有什么难？”

山云：“何不道披毛戴角？”

师便礼拜。

整则公案概谓“沙门行”并无特别着重之修行细目，平常生活，举凡吃饭穿衣等行住坐卧，乃至任何语默动静、造次颠沛之间，一一皆系修行之时节、沙门之德目。

云门两病

此则公案又作云门光不透脱，记述云门文偃禅师垂示大众，欲得自在之境地，必须除去存于法身之二种病。据《从容庵录》载：

云门大师云：“光不透脱，有两般病。一切处不明，面前有物是一；透得一切法空，隐隐地似有个物相似，亦是光不透脱。又法身亦有两般病，得到法身，为法执

不忘，已见犹存，堕在法身边是一；直饶透得，放过即不可，子细点检将来，有甚么气息，亦是病。”

上引“光不透脱”谓凡夫被无明遮覆而虔妄迷执，犹如光线被遮挡，无法自然透射；“法身”指清净法身，亦为“真空无相”之法身本体。法身又分未法身、到法身。尚未证得法身之前，称为未法身、未到底；若已悟得法身，则称到法身、已到底。云门于此公案中指出未法身、到法身各有二病。未法身之病：此阶段有微细之烦恼，故无法迅速到达法身；即使到达，亦非真正之“真空无相”。到法身之病：执着于法身底而自由；即使能由法身底跳出，亦不能飞转得无拘无束。故欲自由自在地往还而无心，唯有根本拔除未法身、到法身之病。

云门拄杖化龙

此则又作云门拄杖化为龙、云门柱杖子，系文偃禅师拈拄杖，对大众垂示自在之妙用之公案。据《碧岩录》第六十则载：

云门以拄杖示众云：“拄杖子化为龙，吞却乾坤了也，山河大地甚处得来?”

此则公案阐述自在之妙用，谓山河大地与自身无差别，尽大地为沙门之一只眼，宇宙之间一切即是我。

云门花药栏

此则公案又作云门花栏、云门金毛狮子，系文偃禅师就“清净法身”之问所作之机锋语句。据《碧岩录》第三十九则载：

僧问云门：“如何是清净法身？”

门云：“花药栏。”

僧云：“便恁么去时如何？”

门云：“金毛狮子。”

上引“清净法身”，乃指遍一切处之佛身。对于僧所问“如何是清净法身”，云门答以“花药栏”，意谓清净法身遍于一切处，故答案非仅限于“花药栏”；而云门答以花药栏，唯因云门此时恰于庭前眺望花坛。此答看似漫不经心，实系势力万钧。僧复问“便恁么去时如何”，云门答以“金毛狮子”。金毛狮子一语，意味着云门认可此僧修行，然是否圆熟，则未尽然。

云门倒一说

此则公案又作云门目前机，系云门文偃禅师针对某僧有

关“未来”之问所作之机锋语句。据《碧岩录》第十五则：

僧问云门：“不是目前机，亦非目前事时如何?”

门云：“倒一说。”

上引“机”为能观之心，“事”是所观之境，心与境即指主观与客观。目前能见之机与事容易分辨，然僧所问者却属客观未生、主观未起之事，故云门以“倒一说”答之。倒即颠倒，以僧舍目前之事机而问未发生之事；然既为未发生之事，则心与境尚相接触，故此问话本身即是颠倒之见解。

云门须弥

此则公案又作云门须弥山，乃云门文偃禅师与某僧关于“不起一念，还有过否”所作之机锋语句。据《从容庵录》第十九则载：

僧问云门：“不起一念，还有过也无?”

门曰：“须弥山。”

起念固然是过，若不起一念，还有过否？僧有此问，即落入妄想分别之限，云门遂以“须弥山”一语答之。须弥山即喜马拉雅山，即不动或难越之意。此语意谓其过之大，犹如须弥山一般，旨在使该僧远离有过、无过等对立二见。

云门脚跛

此则公案记述文偃契悟道法之因缘。据《五灯会元》卷十五载：

（云门）以已事未明，往参睦州。州才见来，便闭却门。师乃扣门，州曰："谁？"师曰："某甲。"州曰："作甚么？"师曰："已事未明，乞师指示。"州开门一见，便闭却。师如是连三日扣门，至第三日，州闭门，师乃拶入。州便擒住，曰："道，道。"师拟议，州便推出，曰："秦时𨍏轹钻。"遂掩门，损师一足。师从此悟入。

云门话堕

此则公案记述云门文偃禅师责备某僧话堕（失言、失策）之因缘。据《无门关》第三十九则载：

云门因僧问："光明寂照遍河沙。"一句未绝，门遂曰："岂不是张拙秀才语？"

僧云："是。"

门云："话堕也。"

后来死心，拈云："且道那里是者僧话堕处？"

上引"光明寂照遍河沙"，出自张秀才参石霜庆诸悟道时所作之偈"光明寂照遍河沙，凡圣含灵共一家"。死心乃黄龙慧南之法孙死心悟新，为距云门二百年后之人。本则公案中，死心举云门与该僧之因缘，问"且道那里是者僧话堕处"，旨在令学人参"话堕"二字，谓该僧借用张秀才之语，乃被古人之名句所迷惑，而失却自己之光明，故被云门指其失言时，立即陷于进退两难之境。实乃因语非出于自心，故该僧第一句借用他人语句，被识破后，即无法说出第二句。

云门尘尘三昧

此则又作云门钵桶，乃云门文偃为阐释禅之意义所作之机锋语句。据《碧岩录》第五十则载：

僧问云门："如何是尘尘三昧？"

门云："钵里饭，桶里水。"

尘尘三昧，谓透过一一微细之法，而入于三昧。云门举钵里饭、桶里水等具体事物，借以说明透过一一微细之法，以阐释禅之要旨。

云门对一说

此则又作云门一代时教，乃云门文偃禅师关于“何为释迦一代教法”之机缘问答。据《碧岩录》第十四则记载：

僧问云门：“如何是一代时教?”

云门云：“对一说。”

世尊住世八十年，其中四十五年间说法度众，故知释迦牟尼之一代教说非一时可以述说。云门答以“对一说”三字，已超出言诠，直接心性，涵盖乾坤，而将显、密、禅、净之一代时教包含无遗。然若仅从语言文字或理论义解作揣测，绝不能探知云门禅师之真意。故圆悟克勤禅师评唱本则公案，谓人多错会“对一说”之意，或谓系对一时机宜所说之法，或道森罗万象皆是一法之所印，故谓之对一说。殊不知，古人意不如此。故永嘉大师于“证道歌”中叹道：“粉骨碎身未足酬，一句了然超百亿。”

云门声色

此则又作云门闻声悟道，为文偃禅师针对由声色（对镜）悟道之情形，向大众垂示全然彻悟者无差别之一如境

界。据《从容庵录》第八十二则载：

云门示众云："闻声悟道，见色明心。观世音菩萨将钱来买糊饼，放下手却是馒头。"

上引"闻声悟道"系指香俨智闲禅师由耳闻击竹之声而悟道之因缘，"见色明心"系指灵云志勤禅师因乍见桃花而悟道之因缘。此二禅师皆为沩山灵祐之弟子，两人悟道之因缘，一人闻声，一人见色，引为禅林之美谈。云门于上引垂示语中，先点出香俨闻声与灵云见色之悟机，复谓观世音菩萨买得糊饼，一放手却是馒头。盖糊饼与馒头原是互不相干、各有特色之两物，代表人以思量作用所认识之现象界之差别相；然对于全然了悟如观世音菩萨者之悟境而言，则早已断除所有对立差别之见解，而达一如之境界，故自然显现对糊饼与馒头不一不异、无有差别之观感反应。此等悟境，可谓经由声色并悟、根尘透脱，方可充分体达者。

云门还饭钱来

此为云门文偃禅师与一僧针对"九旬安居之意义"所作之机缘问答。据《联灯会要》卷二十四载：

僧问："秋初夏末，前程忽有人问，作么生祇对？"

师云："大众退后。"

僧云："未审过在甚么处？"

师云："还我九十日饭钱来。"

"九十日饭钱"意指安居修行期间之饭钱，转指修行之事。整则公案系为阐明"一法究竟"之道理，谓"修行"与"我"乃一体，而非对峙。

云门糊饼

此则又作云门胡饼、韶阳糊饼，系文偃禅师对某僧有关"如何是超佛越祖"一问所作之机缘问答。据《碧岩录》第七十七则载：

僧问云门："如何是超佛越祖之谈？"

门云："糊饼"。

云门用糊饼回答佛意、祖意、如何是超佛越祖之问，而绝不容以思量分别之余地，意在显示超佛越祖之言，除着衣吃饭、屙屎拉尿外，别无他意。故即便是超佛越祖之谈，亦不如一个糊饼吃却了事。

云门药病相治

此则公案旨在阐明彻悟"全自己""全机现"之机法。据《碧岩录》第八十七则载：

云门示众云："药病相治，尽大地是药，那个是自己？"

上引"药病相治"，意谓药与病乃相对之二者，转指凡夫之相对二见。修行者能灭除相对之境界时，尽大地悉为药；若自己能活用药时，尽大地悉为自己，除自己之外，无药可求，亦无可除之病。

云门露柱

此则又作云门古佛露柱，乃云门文偃禅师对古佛与露柱相交问题所作之垂示。据《碧岩录》第八十三则载：

云门示众云："古佛与露柱相交，是第几机？"

自代云："南山起云，北山下雨。"

上引"古佛"指释迦牟尼佛乃至诸佛、历代之祖师等。"露柱"指无论任何人皆能目及之现前事事物物。"机"为机关、机用、机根、机轮、机法等义，禅语中多指心之作用，且此一作用尚有各种不同层次之阶段。此则公案即云门以"古佛与露柱相交"为题，欲令门下衲僧深入勘辨"诸佛诸祖之奥妙世界"与"现前浅易可识之事物诸相"这两种仿佛截然无关之"个别法"，一旦亲切交契、浑然一体而无分别，此时应属"第几机"，或应以何种层次之心法作用来感悟之。然当时门下无一人回答，云门唯有自答"南山起云，北山下

雨”。北宋雪窦重显禅师就此则公案而颂曰：

> 南山云，北山雨，四七二三面相睹。新罗国里曾上堂，大唐国里未打鼓。苦中乐，乐中苦，谁道黄金如粪土。

此颂文中“四七”指西天二十八祖，“二三”指东土六祖。盖西天与东土之祖，以其生存之时空而言，各不相干；南山之云与北山之雨，亦本无交会互涉之可能；然若自东西互存、南北一体之完整世界而视之，则自然可了达其亲切相交、一体无别之境界，此亦即云门文偃禅师拈出古佛与露柱相交之本意。

厨库三门

此则又作云门厨库三门，乃云门文偃禅师以厨库、三门等寻常可见之物，揭示人人皆有内在光明之机缘语句。据《碧岩录》第八十六则记载：

> 云门垂语云：“人人尽有光明在，看时不见暗昏昏，作么生是诸人光明？”
>
> 自代云：“厨库三门。”又云：“好事不如无。”

上引厨库、三门均用以表示日日所见而不以为奇者，如人本有光明自性而不自知。云门以之为喻，提醒学人返照自心。

法眼文益

文益（885－958），浙江余杭人，俗姓鲁。七岁出家，初依明州希觉攻毗尼，后投长庆慧棱学禅法，久之不契。偶遇罗汉桂琛于漳州，遂嗣其法。出世于临川崇寿院。南唐国主李璟礼敬有加，迎至金陵，赐住报恩院，事以师礼，赐号“净慧”。后主李煜从之受戒，为建清凉伽蓝。高丽、日本等国渡海来学者，相望于途。后周太祖显德五年（958）秋闰七月示寂，世寿七十四。谥“大法眼禅师”，为法眼宗之开山祖师。著有《宗门十规论》《法眼文益禅师语录》。

崇寿登子

此则又作法眼识得登子，乃法眼文益与云门文偃借登（凳）子以显示禅旨机用之公案。据《禅苑蒙求》卷下载：

法眼初住临川崇寿院，师指登子曰："识得登子，周匝有余。"

云门云："识得登子，天地悬殊。"

登子，即凳子。本则公案之重点，即法眼与云门二师对佛性呈现禅之机用的讨论。虽是一只凳子，然以宗眼开来，则亦无非是佛法妙道之显现。若能勘透此玄理，则为二师之所谓"周匝有余""天地悬殊"。

清豁禅师

清豁（？—972），福州（今属福建）人。少而聪敏，投鼓山出家。后参睡龙溥得法，继其法席。晚岁将寂，嘱言勿塔勿坟，乃入山坐化。弟子焚其骸，散之林野，写真供于开元寺。

清豁归山

此为漳州保福院清豁禅师临终之偈。据《景德传灯录》卷二十二载，其于入寂前，路过苎桥，曾遗偈言：

世人休说路行难，鸟道羊肠咫尺间。

珍重苎溪溪畔水，汝归沧海我归山。

上引归山之“山”，象征古来禅师之本来面目，亦表示诸法实相。

风穴延沼

风穴延沼（896—973），浙江余杭人，俗姓刘。北宋时临济宗僧人。少年魁伟有英气，博览群书。依开元寺之智恭律师剃发受具足戒，复游学讲肆，学《法华玄义》，修习止观定慧。其后依止南院愚公，问法从学六年。后唐明宗长兴二年（931），入汝州之风穴古寺，留止七年，徒众闻风来集，信徒并重建此地，改为丛林。后晋高祖天福二年（937），州牧闻其风，待之以礼。宋太祖开宝六年（973）八月示寂，世寿七十八。有《风穴禅师语录》传世。

风穴一尘

此则又称风穴家国兴盛、风穴若立一尘，乃风穴延沼禅师之垂示。据《碧岩录》第六十一则载：

风穴垂语云："若立一尘，家国兴盛；不立一尘，家国丧亡。"

雪窦拈拄杖云："还有同生同死底衲僧么？"

盖平等一相之本体，空空寂寂，不见一物。然于其上，若立一尘，即动毫厘，有山有河，有迷悟，有染净，有佛凡，有苦乐，历然罗列千差万别之相；反之，不动一尘之微，就无迷悟、染净、苦乐之别，是存大用现前之景。则此二非二，二即不二，立与不立，兴盛与丧亡，正是同生同死之机缘。雪窦重显禅师之拈拄杖全提活用，即见其所以。故颂曰：

野老从教不展眉，且图家国立雄基。
谋臣猛将今何在，万里清风只自知。

风穴铁牛机

此则又称风穴铁牛，乃风穴延沼禅师接化弟子之机法。据《碧岩录》第三十八则载：

风穴在郢州衙内，上堂云："祖师心印，状似铁牛之机，去即印住，住即印破。只如不去不住，印即是，不印即是？"

时有卢陂长老出问："某甲有铁牛之机，请师不搭印。"

穴云："惯钓鲸鲵巨浸，却嗟蛙步辗泥沙。"

陂伫思。穴喝云："长老何不进语？"

陂拟议，穴打一拂子。穴云："还记得话头么？试举看。"

陂拟开口，穴又打一拂子。

牧主云："佛法与王法一般。"

穴云："见个什么道理？"

牧主云："当断不断，返招其乱。"

穴便下座。

风穴云"祖师心印，状似铁牛之机"，以此喝破此则公案之眼目。铁牛乃黄河之镇守神，其形庞大，为铁制；因其为铁，故洪水不能动；为神，故能护河。如死牛活牛，全无着手处。故以铁牛之机表祖师心印，以显示人人之心印。故雪窦重显禅师为之颂曰：

擒得卢陂跨铁牛，三玄戈甲未轻酬。

楚王城畔朝宗水，喝下曾令却倒流。

清凉泰钦

泰钦（？—974），魏府（今属河北）人。宋代法眼宗僧。入法眼门下参禅，初住洪州双林院，后迁金陵清凉山。传法于云居道齐。宋太祖开宝七年（974）示寂，世寿不详，谥号“法灯禅师”。世人多称为金陵法灯清凉泰钦。

法灯未了

此公案系清凉泰钦禅师示众之语。据《五灯会元》卷十载：

师乃曰：“某甲本欲居山藏拙，养病过时，奈缘先师有未了底公案，出来与他了却。”

时有僧问：“如何是先师未了底公案？”

师便打曰：“祖祢不了，殃及儿孙。”

曰："过在甚么处？"

师曰："过在我，殃及你。"

上引法灯禅师所说"先师未了底公案"，乃谓济度众生为佛教行者永无止境之悲愿。法灯所以打该僧，即示意其若不自救，为师者亦不得证菩提。

俱　胝

唐代僧。生卒年、姓氏、籍贯等均不详。属南岳怀让之法系。常用俱胝（准胝）观音咒，世人遂称之俱胝。尝止于浙江婺州金华，后因无以答复实际尼之质问，遂起勇猛精进心。未久，大梅法常之法嗣天龙禅师到庵，俱胝乃迎礼具陈其事，天龙竖一指而示之，俱胝当下大悟。其后凡有参学僧来问法，俱胝皆竖一指以答之，世称“俱胝一指”“一指禅”。入寂前，尝谓“吾得天龙一指头禅，一生用不尽”。

俱胝一指

此则又作俱胝竖指、一指头禅，述唐代俱胝和尚对参学者仅竖一指，别无余言。据《景德传灯录》卷十一载：

（俱胝）初住庵，有尼名实际到庵，戴笠子执锡绕

师三匝，云："道得即拈下笠子。"三问，师皆无对。尼便去。

师曰："日势稍晚，且留一宿。"

尼曰："道得即宿。"

师又无对。尼去后，（师）叹曰："我虽处丈夫之形，而无丈夫之气。"拟弃庵往诸方参寻。其夜，山神告曰："不须离此山，将有大菩萨来为和尚说法也。"果旬日，天龙和尚到庵。师乃迎礼，具陈前事。天龙竖一指而示之，师当下大悟。自此，凡有参学僧到，师唯举一指，无别提唱。有一童子于外被人诘曰："和尚说何法要？"童子竖起指头。归而举似师，师以刀断其指头。童子叫唤走出。师召一声，童子回首，师却竖起指头，童子豁然领解。

师将顺世，谓众曰："吾得天龙一指头禅，一生用不尽。"言讫示灭。

盖宇宙森罗万象，均以真如为体，故论其体性即平等一如，一现象之实体即为万象之实体，万象之实体不外一现象之实体。俱胝一指，即是宇宙；宇宙之森罗万象，尽入此一指之内。

王敬初

唐代优婆塞，襄州人。生卒年不详。官至常侍。参沩山灵祐得法。一日问僧："一切众生还有佛性也无？"僧曰："有。"公指壁上画狗曰："这个还有也无？"僧无对。公代对曰："看咬着汝。"由是载誉禅林。

常侍掷下笔

此则又作常侍掷笔，系唐代僧沩山灵祐在俗弟子、常侍王敬初与同门京兆府之米胡互相问答之公案。据《五灯会元》卷九载：

（王常侍）视事次，米和尚至。公乃举笔示之。米曰："还判得虚空否？"

公掷笔入宅，更不复出。米致疑，明日凭鼓山供养

主入探其意。米亦随至，潜在屏蔽间侦伺。供养主才坐，问曰："昨日米和尚有甚么言句，便不相见?"公曰："师子咬人，韩狏逐块。"

米闻此语，即省前谬，遽出朗笑曰："我会也，我会也。"公曰："会既不无，你试道看。"米曰："请常侍举。"公乃竖起一只箸。米曰："这野狐精!"公曰："这汉彻也。"

此则公案说明邪见外道为求解脱，仅欲断生而不知断生。若法不生即有灭，如人以物块掷狮子，狮子逐人，便不再被物块所掷；如以物块掷狗，狗逐物块而不逐人，物块终不息。若菩萨着眼于根本，而外道、凡夫着眼于细枝末节，终无所得。米和尚明白此理之后，与常侍之对答遂相契合。

香林澄远

香林澄远（908—987），四川绵竹人，俗姓上官。五代云门宗僧。幼投成都真相院出家，十六岁受具足戒。后离蜀入秦，四处云游，依云门文偃，大豁所疑，得嗣其法，侍奉左右达十八年之久。还归成都后，住导江县（今属都江堰）水晶宫天王院。宋太祖乾德二年（964）移住青城山香林院，弘扬云门宗风四十余年。宋太宗雍熙四年（987）示寂，世寿八十。

坐久成劳

此则全称香林坐久成劳，又名香林西来意，意在指示学人须照顾一己眼前之事，速见本来之心性，故托日常之言语动作，以讽刺性之语言道出，欲令学人醒悟。据《碧岩录》

第十七则载：

僧问香林："如何是祖师西来意？"

林云："坐久成劳。"

香林澄远禅师以达磨九年面壁之典故而答僧之问，"坐久成劳"一语表面为一讽刺语，然实为香林禅师特意说之反面语。其冀借此一反面语而欲令其僧彻见各人脚下自具之心性，以毋庸置喙于祖师西来之意云云。

智门光祚

光祚禅师，浙江人，生卒年不详。宋代云门宗僧。曾参访益州青城山香林院澄远，得其心印，并嗣其法。初住随州双泉，复徙于智门寺，大振宗风，世称智门光祚禅师。其弟子有雪窦重显等三十余人。著有《智门光祚禅师语录》一卷行世。

智门莲花荷叶

此则又作智门莲花，乃智门光祚禅师与僧问答，显示一

切众生悉有佛性之公案。据《碧岩录》第二十一则载：

僧问智门："莲花未出水时如何?"

智门云："莲花。"

僧云："出水后如何?"

门云："荷叶。"

据《法华玄义》卷一载，莲花具有二义，一出水义，谓所诠之理，出离二乘泥浊污水；二开敷义，谓以胜教言而开真理。此公案中，僧分别因果之隐显，就莲花未出水、已出水，而问未悟、已悟之时；智门则以因隐则果显而答莲华，果显则因隐而答荷叶。盖智门系以因果不二、隐显无碍，因非因、果非果、隐即显、显即隐之本来面目而作示说，开显一切众生皆有佛性之立场，从而否定僧之二见，使其悟知一切众生皆有佛性之真谛。

洞山守初

守初宗慧（910—990），凤翔（今属陕西）人，俗姓傅。十六岁出家，事渭州崆峒山志谂为师。既长，南游参云门文偃，默悟其旨。巡行至襄汉，众请住洞山，学侣萃集，声语顿起。宋太宗太平兴国六年（981），诏赐衣号。以淳化元年（990）示寂，世寿八十一。有《语录》行世。

洞山三顿

此为洞山守初宗慧禅师初参云门文偃时之问答机缘。三顿即六十棒。据《景德传灯录》卷二十三载：

襄州洞山守初崇慧大师，初参云门。云门问："近离什么处？"师曰："楂渡。"门曰："夏在甚处？"师曰："湖南报慈。"曰："甚时离彼？"师曰："八月二十五。"

门曰："放汝三顿棒。"师至明日却上问讯，曰："昨日蒙和尚放三顿棒，不知过在什么处？"门曰："饭袋子，江西、湖南便与么？"师于言下大悟。

此公案乃提示四处行脚，徒然向外求法之过误。

麻三斤

此乃禅林著名公案之一，全称洞山麻三斤，又称答麻三斤、麻三斤话、洞山佛麻三斤，乃五代宋初云门宗洞山守初禅师显示大地无一不是佛之当体之公案。据《碧岩录》第十二则载：

僧问洞山："如何是佛？"

山云："麻三斤。"

盖麻三斤乃洞山眼前之物，洞山以之作答，用以表示佛法之真实，谓身旁无论何物，皆是佛法。

首山省念

省念（926—993），莱州（今属山东）人，俗姓狄，号首山。五代临济宗僧。幼入南禅寺受业。才受具足戒就遍游丛林讲席，常修头陀行，密诵《法华经》，人称“念法华”。师事风穴延沼禅师，得其心传，名振四方，风靡一时。又住汝州叶县宝安山广教院及城下宝应院等。宋太宗淳化三年（992）十二月四日上堂说偈：“今年六十七，老病随缘且遣日。今年记取来年事，来年记着今朝日。”翌年十二月四日上堂辞众，仍说偈曰：“白银世界金色身，情与非情共一真。明暗尽时俱不照，日轮午后见全身。”言讫，

安然入寂，世寿六十八。

首山三句

此为首山省念禅师接化学人之机要语句。据《从容庵录》第七十六则载：

首山示众云："第一句荐得，与佛祖为师；第二句荐得，与人天为师；第三句荐得，自救不了。"

僧云："和尚是第几句荐得?"

山云："月落三更穿市过。"

首山省念禅师鉴于学人每执着于诸佛或祖师之言教，特示以此三句，然犹待学人打破此三句之次第与对待，而直探向上一句之机法。

首山竹篦

此为首山省念禅师拈起竹篦，截断触、背等情见，打开绝言境地之公案。据《天圣广灯录》卷十六载：

后游南方，参见汝州省念禅师。师见来，竖起竹篦子，云："不得唤作竹篦子，唤作竹篦子即触，不唤作竹篦子即背，唤作什么?"

师近前掣得，掷向阶下云："在什么处?"

念云："瞎!"

师言下大悟，不离左右，执侍巾瓶，经于数载。

又，《禅宗无门关》第三则亦记载有这则公案："唤作竹篦则触，不唤作竹篦则背；不得有语、不得无语。速道！速首!"即背、触皆非，有言、无言亦错，当离此二面，方能见到自在转处。

首山新妇

此为首山省念禅师以新妇骑驴之事，喻示佛地本然风光之公案。据《古尊宿语录》卷八载：

问："如何是佛?"

师云："新妇骑驴阿家牵。"

僧云："未审此语什么句中收?"

师云："三玄收不得，四句岂能该?"

僧云："此意如何?"

师云："天长地久，日月齐明。"

新妇，指新嫁娘；阿家，指其姑，今谓之婆婆。新妇骑驴，阿姑牵之，本为颠倒伦次之事。然首山省念禅师以此比喻众生与佛原本一如，不当执于尊卑上下，且以新妇与阿家为一如，道破新妇骑驴之当下，即是自性天地之境地。

涌泉景欣

景欣禅师，仙游（今属福建）人。生卒年未详，九世纪下半叶前后在世。得法于石霜庆诸禅师，住台州（今属浙江）涌泉。

涌泉骑牛

此为涌泉景欣禅师破除疆、德二禅客的分别知见之公案。据《景德传灯录》卷十六载：

有强、德二禅客到，于路次见师骑牛，不识。师乃曰："蹄角甚分明，争奈骑者不识！"

师骤牛而去。二禅客憩于树下煎茶。师回，下牛近前，不审，与坐吃茶。师问曰："二禅客近离什么处？"

曰："离那边。"

师曰："那边事作么生？"

彼提起茶盏。师曰："此犹是遮边，那边事作么生？"

二人无对。师曰："莫得骑者不识好！"

佛日本空

五代时比丘，生卒年不详。嗣云居道膺禅师，为青原第六世。年十三岁机智过人，师为印可。停住四年，更走谒夹山，山深器之，问答间，众皆仰叹。初住天台国清寺，后主杭州佛日寺，终焉。世称佛日和尚。

佛日豆爆

此公案为佛日本空参谒夹山善会所引发之机缘问答。据《景德传灯录》卷二十载：

夹山曰："莫从天台得来否？"

师曰："非五岳之所生。"

曰："莫从须弥山得来否？"

师曰："月宫亦不逢。"

曰："恁么即从他人得也。"

师曰："自己尚是冤家，从人得，堪作什么？"

曰："冷灰里有一粒豆子爆。"

唤维那来，令安排向明窗下著。

此则公案中，夹山所问"从天台得来""从须弥山得来"，概借询问佛日投掷拄杖之力量从何处来，而欲堪验佛日所表现之机法究竟从何处学来，亦即暗讽佛日之所言所行恐非出自其自家之悟境。佛日深解其意，乃答以"从人得，堪作什么"，针锋相对而峻机颖脱，是以夹山乃叹之为"豆子爆"。

佛日茶篮

此则公案为佛日本空与夹山善会之机缘问答。据《五灯会元》卷十三载：

师乃将茶去作务处，摇茶瓯作声，山回顾。

师曰："酽茶三五碗，意在镢头边。"

山曰："瓶有倾茶势，篮中几个瓯？"

师曰："瓶有倾茶势，篮中无一瓯。"

便行茶。

整则公案乃借茶瓶以表示泯绝生佛对待关系之灵活机法。

高安大愚

大愚守芝，生卒年不详。太原人，俗姓王。宋代禅师。少出家于潞州承天寺，试经得度。以讲《金刚般若》为业，名满三河。后参汾阳善昭得法，南游高安，住端州大愚山。久之，传法于云峰文悦而寂。世称大愚禅师。

大愚三拳

此则公案又作临济大悟，为临济义玄大悟之因缘故事。大愚，指高安大愚禅师；三拳，指临济义玄禅师击打大愚肋下三拳。据《禅苑蒙求》卷上载：

济到大愚。愚问曰："什么处来？"

济曰："黄檗来。"

愚曰："黄檗有何言句？"

济曰："义玄三度问西来的的意，三度蒙赐棒，不知过在什么处。"

愚曰："黄檗恁么老婆心，为汝得彻，犹觅过在!"

济于言下大悟，云："元来黄檗佛法无多子!"

愚搊住济曰："者尿床鬼子！适道过在什么处，如今却道黄檗佛法无多子！你见个什么道理？速道！道!"

济于大愚肋下筑三拳。

汾阳善昭

善昭（947—1024），山西太原人，俗姓俞。宋代临济宗僧。少有大智，于一切文字常能自然通晓。十四岁时父母相继去世，遂剃发受具足戒，游历诸方，参访七十一位硕德尊宿。后至汝州首山参省念禅师而大悟，嗣其法。后游衡湘、襄沔之间，郡守力邀，请住诸名刹，善昭皆不允。及首山省念禅师入寂，方应西河道俗之请，住汾阳太子院，广说宗要，以三句四句、三诀、十八唱等机用接化学人，名震一时。师足不出户达三十年之久，道俗益重，不敢直呼其名，而以“汾阳”称之。宋仁宗天圣二年（1024）示寂，世寿七

十八。谥号“无德禅师”。有《汾阳无德禅语录》《汾阳昭禅师语录》《汾阳昭禅师语要》等传世。

汾阳拄杖

此为汾阳善昭禅师借拄杖对大众开示之公案。据《古尊宿语录》卷四十六载：

> 上堂云：“夫参学者，须是智眼开明始得。今时诸尊宿，才见竖拂敲床，扬眉瞬目，便作是非褒贬，不见汾阳先师道：‘识得拄杖子，一生参学事毕。’”

拄杖子，乃禅僧行脚之时乘危涉险赖以辅助行脚之杖棍，故亦引申为禅僧究明自己心性之伴侣。盖禅僧不仅视拄杖子为伴侣，并使之与自身参禅融为一体，如此才得以彻底修行，此乃禅僧之本怀。故所谓“识得拄杖子”，即彻底修行之意。又禅僧完成参学大事，一般称为“行脚事毕”。

大阳警玄

警玄（943—1027），湖北江夏人，俗姓张。宋代曹洞宗僧。礼金陵崇孝寺智通出家，后游化诸方，至湖南梁山参谒缘观，承嗣其法。又继湖北大阳山慧坚之法席。宋真宗大中祥符年间，为避国讳，改名警延，其后住大阳山。宋仁宗天圣五年（1027）示寂，世寿八十五，法腊六十六。谥号“明安大师”。有《大阳明安大师十八般妙语》一卷传世。

大阳家风

此则公案为大阳警玄与僧之问答语句。据《禅林类聚》卷七载：

僧问："如何是和尚家风?"

师云："满瓶倾不出，大地没饥人。"

"满瓶"为此则公案之眼目，谓任何人原本皆有佛性，皆为自性清净身，故在佛法而言为"满瓶"，且在任何境遇下都不改变其实态。故说"满瓶倾不出，大地没饥人"。

翠岩可真

可真（？—1064），福州长溪（治所在今福建霞浦）人，宋代临济宗僧，世称真点胸。嗣石霜楚圆禅师。爽气盈溢，机辩迅捷，丛林惮之。出世洪州翠岩，迁潭州道吾山，学众拥护，名震遐迩。后将入寂，示疾劳苦，席藁于地，转侧不少休。哲侍者泣曰："平生呵佛骂祖，今何为乃尔？"师熟视呵曰："汝亦作此见解邪？"即起趺坐，呼侍者烧香，烟起遂灭度。

可真点胸

此为翠岩可真禅师开悟得法之公案。据《禅苑蒙求》卷下记载：

翠岩可真禅师到慈明大师。慈明看，便问曰："如

何是佛法大意?”

可真曰:“无云生岭上,有月落波心。”

明曰:“头白齿黄,犹作这见解。”

可真垂泪,求指示。明云:“你可问我。”

可真以前语问之,明曰:“无云生岭上,有月落波心。”

即于其所,顿明大法。住翠岩,世推为天下法窟。

禅林中遂以此一因缘而称可真为“真点胸”。可真答楚圆之问,与楚圆答可真之问,其语皆为“无云岭上生,有月落波心”。此语本即借大自然云、月之有无,或称生于岭上,或漫漫落于波心,皆所谓“自然法尔”之意,以之真指佛法真义,乃用表一切无非诸法实相,无须些许矫饰造作。然可真虽知此中道理,奈何自信不足、所见未彻,待楚圆斥以“犹作这见解”,不禁惊惶泪下,打破从前所“知”,以为佛法另有境界道理。直至楚圆亦以同语答之,方才顿明玄旨,从此了无挂碍,真正超越“知”之层面而入于悟道之境。

汾潭洪英

洪英（1012—1070），福建邵武人，俗姓陈。宋代临济宗黄龙派僧，世称英邵武。阅《华严十明论》，悟入宗要。闻黄龙慧南禅师于黄檗山积翠寺宣说法要，遂前往依止，其后并入室嗣法。后游西山，住于双岭。宋神宗熙宁二年（1069）慧南示寂，乃于汾潭寺开法，世称汾潭洪英。熙宁三年（1070）六月入寂，世寿五十九，法腊四十三。撰有《汾潭英禅师语要》一卷传世。

洪英掐膝

汾潭洪英禅师于翠岩可真禅师会下时，可真尝以“女子出走”之公案接化之，其时会中无解意者。唯洪英叩膝退场，受其赞赏。据《禅苑蒙求》卷上载：

翠岩真点胸好问僧："文殊是七佛之师，因甚么出女子定不得？罔明从下方来，因甚出得女子定？"

莫有对者。独英邵武，方其问时，以手掐其膝而去。真笑曰："卖匙箸客未在。"

此谓洪英以女子不相对待，立于自他不二之立场。洪英自掐膝而去，系令女子出定，示无他之作用。可参阅《女子出定》之公案。

兜率从悦

兜率从悦（1044—1091），虔州（今江西赣州）人，俗姓熊。宋代临济宗黄龙派僧，法号从悦。十五岁出家，十六岁受具足戒，为宝峰克文禅师之法嗣。兜率学通内外，能文善诗，率众勤谨，远近赞仰。因住于隆兴兜率院，故世称兜率从悦。宋哲宗元祐六年（1091）示寂，享年四十八岁。宋徽宗宣和三年（1121），赐谥“真寂禅师”。有《兜率从悦禅师语要》一卷行世。

兜率三关

此为宋代兜率从悦禅师用以接化学人之三语句。据《无门关》第四十七则载：

兜率悦和尚，设三关问学者：“拨草参玄，只图见

性，即今上人性在甚处?"

"识得自性，方脱生死，眼光落时，作么生脱?"

"脱得生死，便知去处，四大分离，向甚处去?"

这则公案中，第一关欲令学人拨无明之杂草，瞻仰宗门真风，彻见一己真性；第二关欲令学人识得本来具有之真性，以期透得生死之转变；第三关欲令学人透脱生死，以便了知毕竟之去处。

注："拨草参玄"一语，《续传灯录》卷二十二及《联灯会要》卷十五均作"拨草瞻风"。此意为拨除无明之杂草，瞻望佛祖之玄风，即截断妄想，参究玄妙处之意；又指跋涉险路，瞻仰善知识之德风。《洞山录》谓："此去澧陵攸县，石室相连，有云岩道人，若能拨草瞻风，必为子之所重。"

晦堂祖心

祖心（1025—1100），俗姓邬，始兴（今属广东韶关）人。临济宗黄龙派僧人。年十九依龙山寺惠全，翌年试经得度，住受业院奉持戒律。后参谒云峰文悦，随侍三年。未久，参谒黄檗山慧南，留侍四年。后还文悦。时文悦示寂，乃依止石霜楚圆。一日阅《传灯录》，读多福禅师之语大悟。后随慧南移黄龙山，慧南示寂，遂继黄龙之法席，居十二年。后入京师，驸马都尉王诜尽礼迎之，然祖心仅庵居国门之外。晚年移庵深入栈，绝学者二十余年。宋哲宗元符三年（1100）十一月示寂，世寿七十六。谥号“宝觉禅师”。法嗣有黄龙悟新、黄龙惟新、泐潭善清等四十七人。黄庭坚尝就师受法。遗有《宝觉祖心禅师语录》一卷、《冥枢会要》三卷。

晦堂木樨香

此为太史黄庭坚参谒晦堂祖心禅师而悟道之公案。晦堂以木樨之花香为缘，示黄庭坚佛法无有隐藏，使其了悟佛陀之大慈大悲及诸法实相。据《五灯会元》卷十七载：

往依晦堂，乞指径捷处，堂曰："只如促尼道，二三子以我为隐乎，吾无隐乎尔者，太史居常如何理论？"

公拟对，堂曰："不是！不是！"

公迷闷不已。一日，侍堂山行次，时岩桂盛放，堂曰："闻木樨华香么？"

公曰："闻堂曰吾无隐乎尔。"

公释然，即拜之。

圆悟克勤

圆悟克勤（1063—1135），四川彭州（今四川成都郫都区）人，俗姓骆。幼于妙寂院依自省出家，受具足戒后，于成都依圆明学习经论。后至五祖山参谒法演，蒙其印证。与佛鉴慧勤、佛眼清远齐名，世有“演门二勤一远”之称，被誉为丛林三杰。宋徽宗政和初年（1111）至荆州，当世名士张无尽礼谒之，与之谈论华严要旨及禅门宗趣。复受澧州刺史之请，住夹山灵泉禅院。时因枢密邓子常之奏请，敕赐紫服及“佛果禅师”之号。政和末年，奉诏移住金陵蒋山，大振宗风。后居金山，宋高宗幸扬州时，诏其

入对，赐号“圆悟”，世称圆悟克勤。后归成都昭觉寺。宋高宗绍兴五年（1135）示寂，世寿七十二。谥号“真觉禅师”。弟子有大慧宗杲、虎丘绍隆等禅门龙象。曾在夹山之碧岩，集雪窦重显之颂古百则，编成《碧岩录》十卷，世称禅门第一书。该书原被其弟子宗杲视为秘传不授之书，以火焚毁，后世重刊。此外，有《圆悟佛果禅师语录》二十卷、《圆悟禅师心要》四卷。

圆悟祸门

据《禅林类聚》卷二载：

僧问：“如何是佛？”

师（圆悟）云：“口是祸门。”

本则公案中，圆悟之意旨在告诫拘泥于语言文字者，不能觉知真正之佛境界。此则公案亦收入《宗门葛藤集》。

月庵善果

善果（1046—1152），号月庵。信州（今江西上饶）人，俗姓余。性刚直，貌古奇。参开福宁得法，隐迹道林，人莫识之。宋徽宗宣和初出主上封，迁道吾。律众严明，处己简约。得人之盛，冠于诸方。绍兴入闽，主黄檗，居十年，辞归大沩。宋高宗绍兴二十二年（1152）示寂，世寿七十四。

奚仲造车

此则为月庵善果禅师以“奚仲造车”之故事提斯学人之公案。据《无门关》第八则载：

> 月庵和尚问僧：“奚仲造车一百辐，拈却两头，去却轴，明甚么边事？”

奚仲乃黄帝时发明造车术之人，曾造车一百辐。然而若

一一分解之，该当如何？譬如行者，只注重形式上之礼拜、苦行，而不能从心上下功夫。至临命终时，四大分离，修行之功德亦亡灭。犹如拈却两头，分离其轴，则亦无车之作用。

密庵咸杰

密庵咸杰（1118—1186），福建福清人，欲姓郑，号密庵。宋代临济宗杨岐派分支虚丘派僧。母梦卢山老僧人入舍而生。自幼颖悟，出家为僧，遍参知识。后至衢州明果庵，参谒应庵昙华，得大悟，受印可，出住乌巨庵。历住祥符蒋山华藏、径山、灵隐、天童诸名刹。宋孝宗淳熙十三年（1186）示寂，世寿六十九，法腊五十二。著有《密庵和尚语录》一卷。

密庵沙盆

此为密庵咸杰于其师天童应庵昙华座下获得印证之公案。据《五灯会元》卷二十载：

一日，（应）庵问："如何是正法眼？"

师遽答曰："破沙盆。"

庵颔之。

"正法眼"，为照破迷惑之智眼。"破沙盆"，原出自雪峰义存禅师之语，比喻不通用、无价值之物，与"干屎橛"一语同义。对于应庵所问，密庵以所见绝对无限之真实回答。故其师不得不颔之。

注："干屎橛"，原指拭净人粪之橛，即厕筹。临济宗为打破凡夫之热情，并使其开悟，对审问"佛者是何物"者，每答以"干屎橛"，故"干屎橛"遂为禅林用语。盖干屎橛原系拭擦不净之物，非不净则不用之，临济宗特提此最接近人之用物，以概括远求佛而反不知清净一己心田秽污之情形，并用以打破学人之执着。禅林由是衍敷出无数类似之公案，如《密庵沙盆》便是其一。

祥庵主

祥庵主，生卒年、籍贯、姓氏均不详，宋代禅僧。

庵主不顾

此为祥庵主示寂之际，担杖于肩而说，不顾眄任何人，越千山万岳，直入涅槃世界之旨的故事。庵主，指莲华峰之祥庵主，为奉先道深之法嗣。据《五灯会元》卷十五载：

(天台莲华峰祥庵主)示寂日，拈拄杖示众曰："古人到这里，为甚么不肯住？"

众无对。师乃曰："为他途路不得力。"

复曰："毕竟如何？"

以杖横肩曰："榔栗横担不顾人，直入千峰万峰去。"言毕而逝。

庞行婆

生平事迹、法系不详。

婆子作斋

此为庞行婆为离断一切邪念而设斋之故事。据《五灯会元》卷六载：

庞行婆入鹿门寺设斋，维那请意旨，婆拈梳子插向髻后曰："回向了也。"

便出去。

无名氏

这是两则著名的公案，主人公是两位不知姓名的老太婆。在重男轻女的封建社会里，老妪的智慧不亚于须眉丈夫，值得一读。

婆子眷属

此为表示禅一体现之公案。据《禅苑蒙求》卷下载：

昔有一僧参米胡，路逢一婆住庵。僧问婆："有眷属否？"曰："有。"僧曰："在甚么处？"曰："山河大地，若草若木，皆是我眷属。"

此则公案视有情无情皆为己之眷属，以表现禅之天地同根、万物一体。

婆子烧庵

此则公案又作婆子焚庵，旨在阐示真实之修行，不仅须压抑一己之欲求，尤须明白彻见一己之本来面目。据《五灯会元》卷六载：

昔有婆子供养一庵主，经二十年，常令一二八女子送饭给侍。一日，令女子抱定曰："正恁么时如何？"

主曰："枯木倚寒岩，三冬无暖气。"

女子举似婆。婆曰："我二十年只供养得个俗汉。"

遂遣出，烧却庵。

这则公案很有名，提示庵主仅压抑一己欲求而成枯木寒岩之状态，并非真正修行佛道。

其他公案

此类公案均系佛经中之故事，辗转而被僧人弘传改编成禅宗公案。本书共选九则，从中可以窥见禅宗投足举手、机锋语句的源头。另有日本禅师宗峰妙超的公案一则，可以窥知中国公案禅传于日本的情况。

世尊未说

此则公案谓释迦牟尼佛转法轮四十九年（一说四十五年），实未尝说一字。《楞伽经》卷三："我从某夜得最正觉，乃至某夜入般涅槃，于其中间乃至不说一字。"据《五灯会元》卷五载：

世尊临入涅槃，文殊请再转法轮。世尊咄曰："吾四十九年住世，不曾说一字。汝请吾再转法轮，是吾曾

转法轮邪?”

盖以真实究竟之立场而言，法之根本乃不可言说者，故凡有所示，皆如“指头”之于“月亮”，仅以指头指示此不可言说之法之根本（真如），而非等于真如本身。此则公案旨在喻显世尊于四十九年间，自初转法轮至入灭之间，所说示者无非如指月之“指”，故以“未曾说一字”一语，表示真如实非言诠所能及之绝对性。

世尊初生

此则又作世尊降诞。据《五灯会元》卷十五载：

世尊初生下，一手指天，一手指地，周行七步，目顾四方，云：“天上天下，唯我独尊!”

师曰：“我当时若见，一棒打杀与狗子吃却，贵图天下太平。”

琅琊慧觉禅师评唱道，云门可谓“将此深心奉尘刹，是则名为报佛恩”。

禅门中每以释迦牟尼初诞时所宣说之“天上天下，唯我独尊”之语，表示“自我绝对性”之发现，并以之为修道起点。

世尊升座

此则谓释迦牟尼佛升于说法之座，未尝演说一句。丛林中每以此公案表示第一义谛乃不立文字、言语道断者。据《碧岩录》第九十二则载：

> 世尊一日升座，文殊白槌云："谛观法王法，法王法如是。"世尊便下座。

"世尊升座"与"拈花微笑"二公案均不见于禅宗早期典籍，疑是禅门宗匠为机缘而设者。

世尊指地

此则谓佛陀指地以示可建梵刹。据《从容庵录》第四则载：

> 世尊与众行次，以手指地云："此处宜建梵刹。"
>
> 帝释将一茎草插于地上，云："建梵刹已竟。"
>
> 世尊微笑。

《五灯会元》卷一谓："世尊因地布发掩泥，献华于然灯。然灯见布发处，遂约退众，乃指地曰：'此一方地宜建一梵刹。'时众中有一贤于长者，持标于指处插曰：'建梵刹

竟。’时诸天散华。”此公案与“世尊指地”类同，皆显示随处为主、处处为梵刹之意。

外道问佛

此则又作外道问佛有无、外道良马鞭影、世尊良久，系佛陀接引外道之著名公案，指一时放下有言、无言二边，由是自参自究，始得证入绝境。据《碧岩录》第六十五则载：

> 岂不见外道问佛：“不问有言，不问无言。”
>
> 世尊良久，外道礼拜，赞叹曰：“世尊大慈大悲，开我迷云，令我得入。”
>
> 及外道去后，阿难问佛：“外道有何所证而言得入？”
>
> 世尊云：“如世良马，见鞭影而行。”

外道以“不问有言，不问无言”探问佛法大旨，此乃一种狡黠之询问方式，欲陷对方于进退两难之境。世尊无论以何种言词答之，均易堕于有、无两端之难，而予外道以可乘之机。此则公案中，世尊以不言语答复之，而唯有缄默良久，于佛法真旨而言，已超越有、无相对之境，了无纤尘可染。此种不落言诠而灵机全现之圆融妙用，不唯化解了外道狡狯逼问之危机，更于任运自在之间彰显了佛法大旨之妙趣，故外道由衷叹服。然阿难以多闻第一，反堕入义解，不达真底，故不如外道之能于闪电光影间领会机锋。

殃崛产难

此则又作央掘产难。殃崛，即佛陀之弟子殃崛摩罗。据《五灯会元》卷一载：

殃崛摩罗因持钵至一长者门。其家妇人正值产难，子母未分。长者曰："瞿昙弟子，汝为至圣，当有何法能免产难?"殃崛语长者曰："我乍入道，未知此法，待我回问世尊，却来相报。"及返，具事白佛。佛告殃崛："汝速去报言，我自从贤圣法来，未曾杀生。"殃崛奉佛语疾往告之。其妇得闻，当时分免。

女子出定

据《诸佛要集经》卷下载：昔时离意女在释迦牟尼佛座前入于三昧。大智慧者文殊菩萨虽为过去七佛之师，却无法近佛而坐，欲令离意女出定而问之。然施以神力，犹不能令其出定。而罔明菩萨（弃诸阴盖菩萨）仅仅为弃诸妄想分别之初地（欢喜地）菩萨，却能至此女子之前，鸣指一下，便使离意女从定中而出。故禅宗参究此事，每以果位低下之罔明菩萨却能使女子出定之不合理处，视为该公案之要旨。

文殊以男女差别之见解，欲令离意女出定而不得。罔明则立于天地一体“廓然无圣”之境，故只弹指一下，离意女即应之出定。《无门关》颂曰：

出得出不得，渠侬得自由。

神头并鬼面，败阙当风流。

别峰相见

此则公案乃善财童子与德云比丘在别峰相见之因缘。据《碧岩录》第二十三则载：

教中说妙峰孤顶，德云比丘从来不下山，善财去参，七日不逢，一日却在别峰相见。及乎见了，却与他说一念三世，一切诸佛，智慧光明，普见法门。德云既不下山，因什么却在别峰相见？

盖德云比丘不下山，表示德云不离本来真如之玄域，此乃善财所无法窥知之境地。因此德云于七日之后，在别峰现身，应善财之求而开示佛法。

大灯三转

此则乃大灯国师透过“究竟为何”之转语，颠倒向来主

客关系之立场，而观察佛法真实之公案。大灯，即日本宗峰妙超禅师。据《宗门葛藤集》卷下载：

> 大灯国师示众云："朝结眉，夕交肩，我何似生？露柱终日往来，我因甚么不动？若透得这两转语，一生参学事毕矣！三段不同，归上科。"

转语之"转"，意指转身、拨转、转机等，此处指转动学人之心机。"结眉交肩"指朝夕生活之状况。此则公案中，大灯禅师所欲表示者，即学人每日早上亲自前来问安，晚上又来告辞，对此应如何对付呢？露柱终日往来而自己何以不动？故知此则公案之转语乃在"究竟为何"。

以针投钵

据《大慈恩寺三藏法师传》卷四载：付法藏第十五祖迦那提婆初为外道，一日，自执师子国至娇萨罗国，诣见龙树菩萨，求相与论议。龙树为试其智，乃命弟子持满钵之水置于提婆前。提婆见之，默投针于钵中。龙树大叹其智慧，遂授以至真之妙理。

此公案中，"满钵之水"乃比拟龙树菩萨之智慧周遍，"投针"则表示提婆欲究其底之意。